時間を忘れるほど面白い「日本地理」の謎

博学面白倶楽部

三笠書房

はじめに……日本全国の「意外な一面」を発掘する本

電車やクルマが当たり前のこの時代に、「渡し船」が庶民の足となっている——。にわかには信じられないかもしれないが、これはまぎれもない事実。しかも、のんびりと牛が草を食《は》むところではなく、東京駅から通勤電車で45分ほどの町の話なのだから、驚きも2倍だ。

また、大阪に行くと、同じ場所に「大阪駅」と「梅田駅」があって、初めてだと迷ってしまう。この紛らわしさが、「官民の対立」から起きていたことを知る人は意外と少ない。

地元では当たり前だと思っていても、他所から見れば、「まさか！」という話だらけ。本書では、「えっ、そうなの!?」と思わず問い返したくなるような、47都道府県の日本の名所や地名にまつわる意外な裏話をたっぷりとご紹介する。

博学面白倶楽部

もくじ

1 「境い目」には、何かと波風が立つもの

2

乗って歩いて行ってビックリ！ 電車も道路も船も知らないことだらけ

3 自慢の「名産品」もあの「名所」も、ひと皮むけば……

4

「絶景」「大自然の造形」を見る前に知っておきたい真実

5 「日本一」というからには、それはそれは……

6 場所の数だけ、ミステリーがある！ その町ができた理由、消えた理由

7 言われてみれば「謎」だらけの珍百景

8

「地図」を見ると余計にわからなくなる不思議ポイント

9

「伝説」と「歴史」に彩られているはずだったのに！

10 一度聞いたら忘れられない地名トリビア やっぱり名前は大事です！

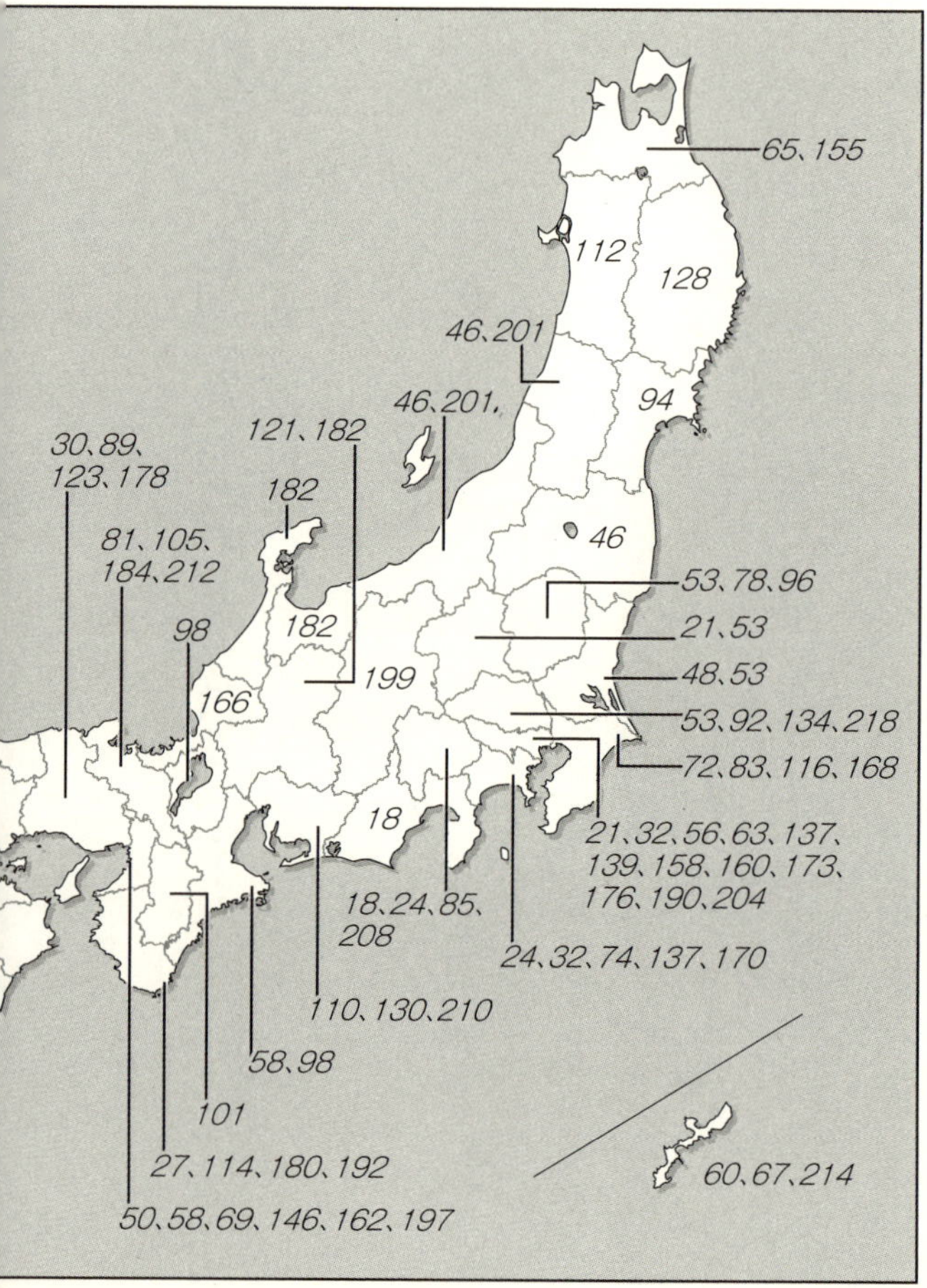
65、155
112
128
46、201
94
46、201、
121、182
30、89、
123、178
182
46
81、105、
184、212
53、78、96
98
182
21、53
199
48、53
166
53、92、134、218
72、83、116、168
18
21、32、56、63、137、
139、158、160、173、
176、190、204
18、24、85、
208
24、32、74、137、170
110、130、210
58、98
101
27、114、180、192
60、67、214
50、58、69、146、162、197

気になるところは何ページ？

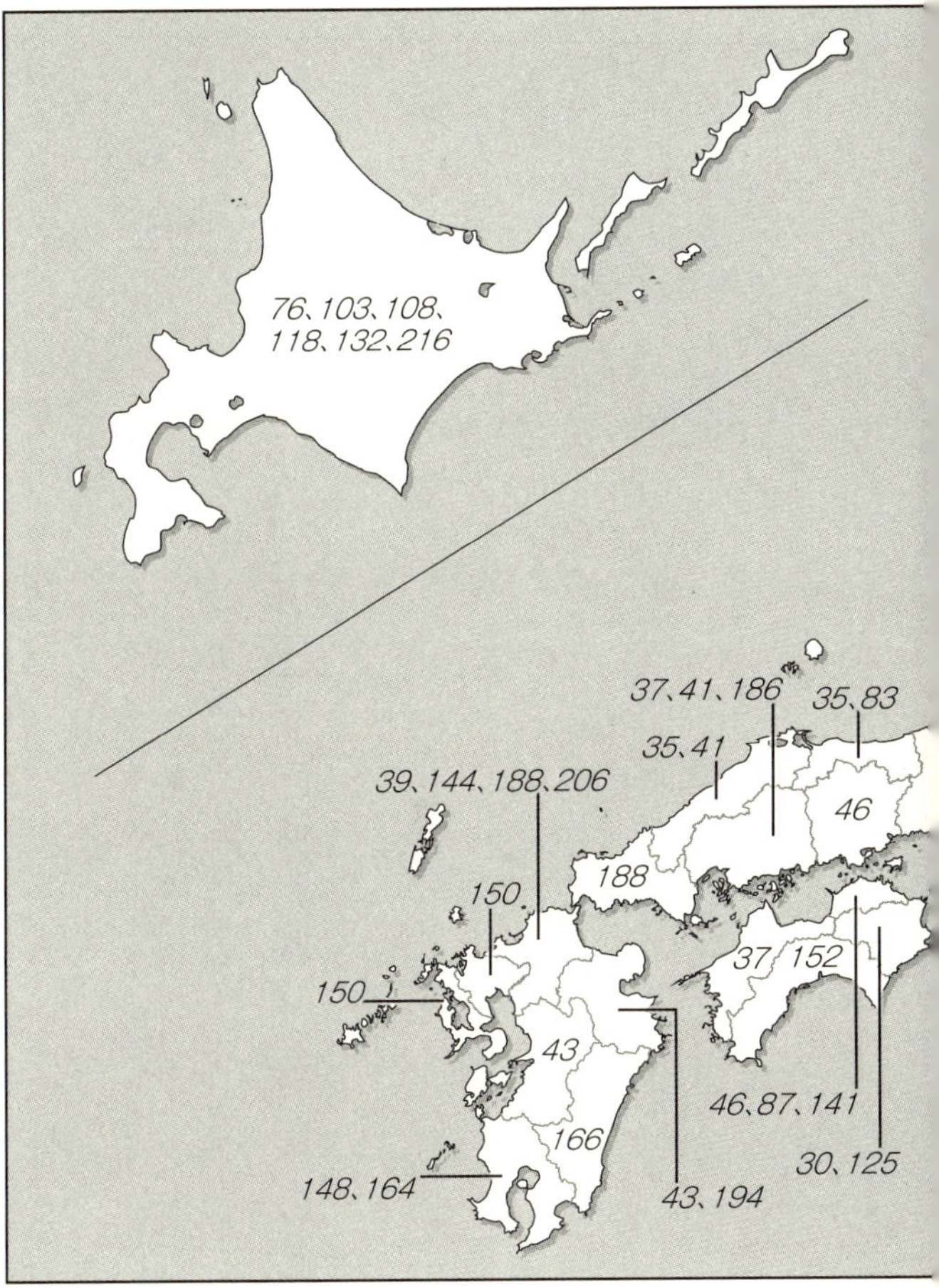

本文図版　伊藤知広(美創)
写真提供　PIXTA／フォトライブラリー／つえたて温泉ひぜんや／
白根記念渋谷区郷土博物館・文学館／加須市教育委員会／
日本橋商店会

1

「境い目」には、何かと波風が立つもの

1 日本の象徴・富士山の山頂はどっちのもの？

日本の最高峰、富士山はその美しい山容で古くから多くの人々の心をとらえてきた。しかし、その姿を地図で見ると、意外な事実を知ることになる。

富士山は静岡県と山梨県の県境に位置しており、ほぼ東西に境界線が引かれているが、山頂付近から東へ10キロほどにわたって**境界線が消えている**。つまり、そこは静岡県に属する土地なのか、山梨県に属する土地なのかがはっきり示されていないのだ。

実は、富士山は数百年前から領有権争いの舞台になってきた。

江戸時代には駿河国《するがのくに》（現・静岡県）と甲斐国《かいのくに》（現・山梨県）のあいだで争いがはじまり、境界線を厳密に決めるようになった明治時代以降、論争が激化した。

太平洋戦争後には、全国１３００社の浅間《せんげん》神社を統括する富士山本宮浅間大社《ほんぐうせんげんたいしゃ》が所有権を主張した。

戦前は軍事上の理由などで国が富士山の山頂付近を管理していたが、浅間大社が訴訟を起こすと、１９７４（昭和49）年、8合目以上は浅間大社のご神体として認めら

富士山を通る(?)県境

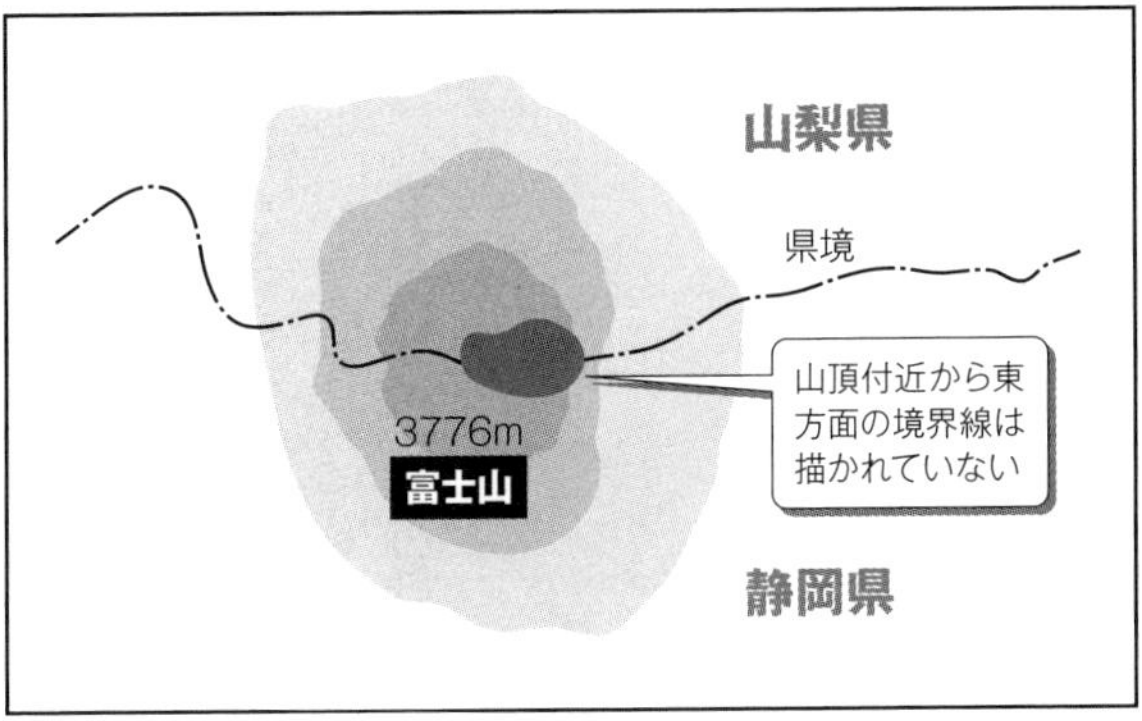

れたのだ。徳川家康が8合目以上を浅間大社に寄進したことを示す古文書が判決の決め手となった。

世界遺産登録が転機に!

こうして富士山の8合目以上の所有権は確定した。しかし、富士山の山頂には住所がないため、富士山本宮浅間大社は静岡県、山梨県のどちらにも属していない。したがって、山頂が静岡県なのか山梨県なのか、もしくは両県の共有地なのかという問題はいまだ解決していない。棚上げにされた状態だ。

なぜ帰属が決まらないかというと、地籍が確定していないからだ。山頂の帰属が定まらないと、境界線を引くことはできないのである。

2013(平成25)年、富士山の世界遺産登録が決定すると、富士山はあらためて世界から注目を浴び、多くの観光客を集めるようになった。

これを機に、静岡県と山梨県の両県知事が『県境を定めず、お互いに富士山の保全に協力していこう』という約束を交わす。それとともに、寺社所有地という特別な場所なので境界線の策定は行なわない、入山料の徴収や環境整備などは共同で行なうといったことが決められた。

長年にわたる論争は事実上の決着を見たわけだが、山頂の帰属問題が正式に解決されたわけではない。「富士山はわれらのもの! 譲るものか」と思っている静岡県民や山梨県民は今もたくさんいるはずだ。

2 その距離150キロ以上……群馬の村が夢見た東京・世田谷区との合併

ふつう、市町村が合併をするなら近隣の市町村が相手だ。隣接していない市町村が合併するケースもあるにはあるが、せいぜいあいだにひとつの市町村をはさんでの合併だったり、同じ都道府県内での合併であることがほとんどだろう。そんな常識をくつがえす合併を試みたのが群馬県の川場村である。

川場村は県の北東部に位置する高原の村で、スキー場と温泉で知られている。その川場村が平成の大合併の際に出した案が、なんと**東京都の世田谷区と合併**するというものだった。

川場村と世田谷区の距離はおよそ150キロ。その距離の遠さといい、あいだに埼玉県をまるまるはさんでいることといい、通常では極めて考えにくい。当然、メディアでも注目を集めた。

いったいなぜ、川場村は世田谷区と合併しようと考えたのだろうか。

ハードルが高すぎた「遠距離交際」

実は、川場村と世田谷区には長い交流の歴史があった。

1981(昭和56)年、川場村は世田谷区とのあいだで「区民健康村相互協力に関する協定」を締結し、世田谷区とともに村内に保養所や研修施設を設置。世田谷区民が自然や田園と触れ合う場を提供することにした。川場村からも世田谷区を訪ねるなど、互いに交流を深めてきた。

そうした中、平成の大合併がはじまると、川場村では隣接する市町村との合併案や、合併せずに独立を続ける案などが持ち上がる。世田谷区との合併案もそのうちのひとつだった。

異なる都道府県の市町村が合併するためには、関連するすべての自治体の議会で審議しなければならない。

川場村と世田谷区の合併の場合、川場村、群馬県、世田谷区、東京都の議会にはかり、県知事、都知事、総務大臣の認可を得る必要がある。これは簡単な手続きではない。

遠距離合併—実現したら大混乱!?

しかも川場村と世田谷区の合併が許可された場合、それまで提供されてきた消防、清掃、火葬、病院などの**公共サービスがみな世田谷区から提供される**ことになり、川場村の住民の生活に支障が出ることは火を見るより明らかだった。

つまり、川場村が世田谷区と合併したとしても、それほどメリットはなかったのである。

結局、川場村で持ち上がった合併案はすべて却下され、もとのまま川場村として存続することになった。150キロの遠距離の真剣なおつき合いは、実現せずに終わってしまったのである。

3 どうしても「ヨコハマ」になりたかった山梨の村

山梨県の道志《どうし》村も、群馬県川場村（21ページ参照）と同じように、常識はずれの合併を試みた珍しい村である。

道志村は山梨県の南東に位置する。近くに山中湖があり、自然が豊かな静かな村である。最近ではアウトドアスポットとしての人気が高い。

道志村が合併を望んだお相手は、なんと神奈川県横浜市。 道志村は神奈川県相模原市と隣接しているが、横浜市とは約50キロも離れている。人口も違えば財政力も違う。にもかかわらず、平成の大合併の際に合併を申し込んだのである。

ここで誰もが疑問に思うのが、道志村と横浜市のあいだにどんな関係があるのかということだろう。

答えは**「水」**だ。

横浜市は日本で初めて近代水道を設置した都市で、市民に良質の水を提供するため明治時代半ば以降、道志村を流れる道志川から取水していた。また大正時代には、道志村の水を守るため、道志村の総面積の3割以上を占める2780ヘクタールの恩賜林を買収して水源涵養林《かんようりん》として経営をはじめた。現在も横浜市は2800ヘクタール以上の水源涵養林を保有し、管理をしている。

このように道志村と横浜市は水を通じて友好関係を築いてきた。そのつながりを活かして、道志村は横浜市と合併してしまおうと考えたのである。

道志村は有権者の約5分の2に相当する653人の合併賛成署名を集め、「有権者の50分の1の署名が必要」という合併特例法の条件を満たした。そのうえで横浜市に合併を求めた。

フラれてしまった道志村

しかし、残念ながら道志村の想いは横浜市に届かなかった。横浜市は道志村からの申し出に対して「ノー」と返事をしたのだ。

その理由は、横浜市から道志村までの距離があまりに遠く、たとえ合併したとしても一体化するのは難しいというものだった。ただし友好関係は損《そこ》ないたくないということで、2004（平成16）年に道志村と「友好・交流に関する協定書」を締結したり、道志村を「横浜市民ふるさと村」と名づけたりして、長年維持してきた絆《きずな》を守ろうとしている。

「片想い」に終わってしまった道志村。しかし、道志村と横浜市はカップルにはなれなかったものの、よいお友達として今も友好関係を続けている。

4 周囲は全部ヨソの県？「村ごと飛び地」の和歌山県・北山村

「じゃばら」という果物をご存じだろうか。ゆずやかぼすの仲間の柑橘類《かんきつるい》で、「邪（気）をはらう」という意味からその名がついた。近年は花粉症対策に効果ありということで、大きな話題になっている。

そのじゃばらの原産地である和歌山県の北山村は、**日本で唯一の飛び地の村**として知られている。

和歌山県に属しているのに、和歌山県のどの市町村とも隣接しておらず、四方を三重県と奈良県に囲まれているのだ。

なぜ、北山村はこのような飛び地になってしまったのだろうか。

北山村は、東西約20キロ、南北約8キロ、面積約48平方キロと、東京都練馬区とほぼ同じ大きさの村。そのほとんどが山林に覆われており、住民の多くは古くから林業を営んで暮らしてきた。

北山村が飛び地となったきっかけは、1871（明治4）年に実施された廃藩置県だった。

このときまで北山村は紀州藩（現・和歌山県）に属しており、廃藩置県によって奈良県に移されることになった。一方、同じ紀州藩に属していた新宮は和歌山県に編入された。

ここで北山村の住民は異議を申し立てる。たしかに北山村は地理的に見ると奈良県に近く、「奈良県北山村」となっても異和感はないように思える。しかし、北山村の住民は「新宮が和歌山県に編入されるのなら、自分たちも和歌山県がいい！」と主張したのだ。

やっぱり新宮が好き

実は、北山村は新宮と切っても切れない関係で結ばれていた。昔から伐採した木材を筏《いかだ》に乗せ、木材集積地の新宮まで運んでいたのだ。

そうした関係性から、北山村の住民は奈良県への編入を拒否。その意向が反映される形で、和歌山県に飛び地編入したのである。

その後、道路が整備されると、北山村は三重県熊野市と経済的なつながりが強くな

なぜヨソの県の村がここに!?

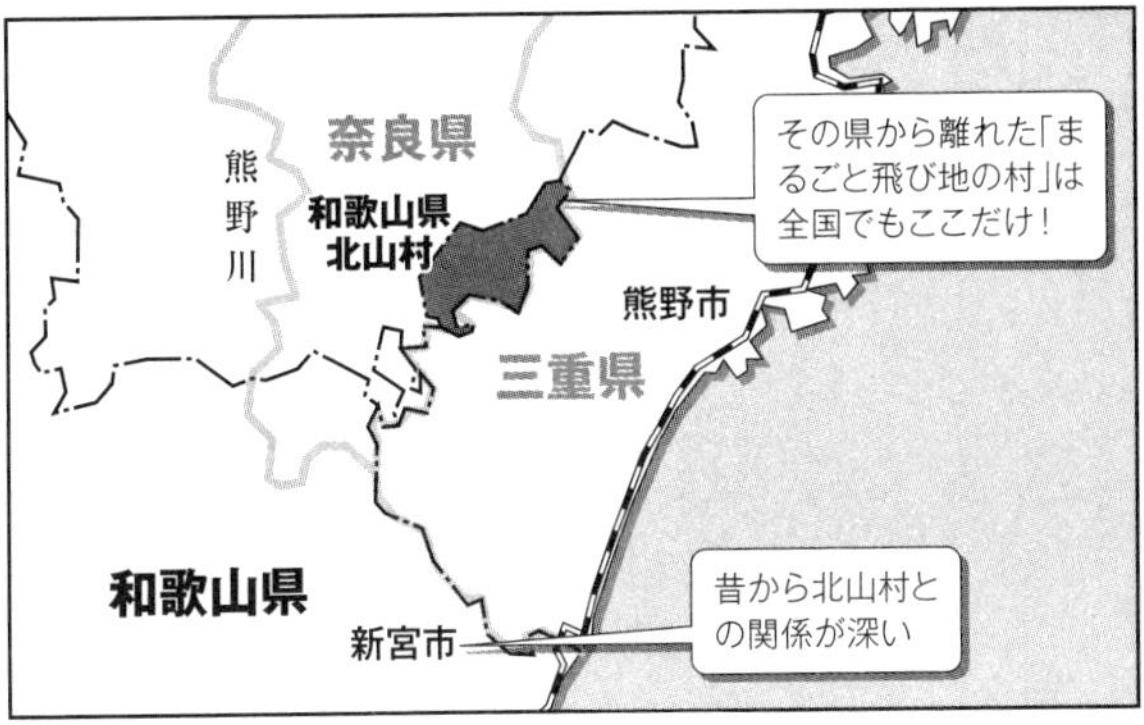

った。65歳以上の高齢者が増え、過疎化が進んでいることもあり、平成の大合併の際には、北山村と熊野市の合併案も出された。

しかし、その案も実現することはなかった。北山村で合併相手を選ぶ住民投票を実施した結果、7割以上の住民が熊野市ではなく新宮市を選び、新宮市とのつながりの強さを再認識させられることになったのである。

北山村は結局、新宮市との合併も見送り、独立したまま歩みを進める道を選んだ。そして現在は「日本で唯一の飛び地の村」であることをPR材料のひとつとして、村おこしに励んでいる。

5 徳島県だった淡路島は「喧嘩のお詫び」で兵庫のものに

瀬戸内海東部に位置する淡路島。うず潮やあわじ花さじきで知られるこの島は、現在は兵庫県に属しているが、過去には徳島県（徳島藩）だった。

瀬戸内海最大の島が丸ごと隣県にトレードされるとは尋常ならざる事態である。その背景には何があったのだろうか。

淡路島が兵庫県に編入されるきっかけになったのは、1870（明治3）年に起こった稲田騒動（庚午事変《こうごじへん》）と呼ばれる事件である。

江戸時代、淡路島は蜂須賀《はちすか》家の支配の元で徳島藩に所属していた。蜂須賀家の元には稲田邦植《くにたね》という家老がいたが、稲田家の家臣たちは蜂須賀家の家臣から陪臣《ばいしん》（家臣のそのまた家臣）として軽蔑されており、「稲田家の家臣」対「蜂須賀家の家臣」という対立関係が生じていた。

さらに1869（明治2）年、稲田家の家臣たちは禄高《ろくだか》を減らされてしまう。明治政府は、この年の禄制改革で武士の身分を士族と卒族《そつぞく》（下級武士）に分け、禄高も士族か卒族かで差をつけることにした。稲田家の当主は「一等士族」とされたのに対し、稲田家の家臣は士族に加えられず「卒族」とされたため、経済的な不安が高まった。

そこで稲田家の家臣たちは、士族への編入を求めるとともに、淡路島を治める徳島藩からの分離独立を主張しはじめたのである。

喧嘩両成敗で島は行ってしまった

こうした動きに蜂須賀家の家臣たちは激怒。1870(明治3)年、蜂須賀家の一部の過激な家臣が決起し、稲田側の17人が死亡してしまう。これが稲田騒動である。

この事件に対する政府の処分は厳しいもので、蜂須賀側の首謀者ら10人を打ち首や切腹とし、27人を流罪《るざい》、ほかにも禁固、謹慎などに処した。一方、稲田側には北海道への移住を命じ、喧嘩《けんか》両成敗とした。

そして翌年、廃藩置県が行なわれると、徳島藩は徳島県となったが、1876(明治9)年に淡路島が外され、兵庫県へと編入されてしまう。これが政府による稲田騒動の最終決着で、以後、淡路島が徳島県へ戻ることはなかったのである。

6 東京の多摩地区は、もともとは神奈川県

東京都のうち23区と伊豆諸島、小笠原諸島の島しょ部を除いた地域、すなわち立川、三鷹、調布、八王子、町田、府中などを多摩地区と呼ぶ。都心に通勤・通学する人々のベッドタウンのような存在である。

今は誰もが多摩地区を東京都の一部として認めているが、実は多摩地区はかつて神奈川県だった時代がある。

１８７１（明治４）年、明治政府によって廃藩置県が行なわれると、多摩地区の大半は神奈川県に帰属することになった。１８７８（明治11）年には神奈川県に属する多摩地区が北・南・西の３つに分割され（三多摩）、独自の文化圏を築きはじめようとしていた。

だがその後、**三多摩は１８９３（明治26）年に東京へと移管**される。これ以降、三多摩の住民は東京都民として生きることになったのだ。

この三多摩は多摩川の上流に位置していることから、都心の住民の水源地を確保す

るための移管だといわれた。しかし実際には、それ以外にも理由があったといわれる。いったいどのような理由だろうか。

選挙に勝つため東京に移管した？

当時の日本は、日清戦争を控えて軍事拡張政策をとっていた。政府は年間予算の2割を軍艦製造にあてたいと考えていたが、自由党の反対にあっていた。その自由党の勢力が大きかったのが三多摩だった。

そこで政府は自由党対策として、三多摩の東京移管を考える。三多摩が東京になれば、多摩地区の自由党員は保守派勢力の強い東京で選挙を戦わなければならず、政局の足かせを取り除けると考えたのである。

このやり方に神奈川県は猛反対した。人口が多く、税収源も豊かな三多摩を失うのは大きな痛手だったからだ。だが結局、神奈川県は力尽き、三多摩は東京に移管することになった。

しかし、その後も多摩周辺は落ち着かない。1923（大正12）年、東京が市から都へ移行するため、多摩地区を再び神奈川県に編入しようとする案を出すと、住民からは大反対が起こった。**東京市はしかたなく多摩県設置による多摩地区の独立を提案**したが、住民はそれにも納得せず、不満を抱き続けた。

この騒動がようやく収まったのは太平洋戦争前の１９４０（昭和15）年のこと。東京市が、多摩地区を含めて東京都となる案を提出したことで、ようやく話し合いがまとまったのである。

7 何かと間違われやすい鳥取県と島根県は、かつてひとつの県だった！

日本には正確な位置をなかなか覚えられない県が、正直なところいくつかある。関係者には申し訳ないが、その代表格といえるのが鳥取県と島根県だろう。

山陰地方に隣り合う鳥取県と島根県は、形がそっくりだし、県名の「鳥」と「島」の字も似ている。そしてもうひとつ、両県を区別しにくくしているそもそもの要因が、**「かつて同じ県だった」**という歴史である。

１８７１（明治４）年、廃藩置県により鳥取県と島根県が誕生した。しかし、鳥取県は明治維新に貢献した県出身者が政府で重んじられないことに不満を抱き、政府の反感を買うようになる。

その影響か、１８７６（明治９）年には**島根県が鳥取県を統合**する形での合併が決定。鳥取県は消滅し、**巨大な島根県が誕生**した。

このことが、鳥取県と島根県を混同しやすくしているもともとの要因のひとつとされている。ところが、その巨大な島根県も5年後には解体されてしまうのである。

県庁が松江市に置かれ、寂れた鳥取県

鳥取県を統合した島根県は、やたらと東西に細長い県となった。両県を合わせた総延長は約320キロ。これは今のクルマでも7〜8時間かかる距離で、徒歩か馬で移動するしかなかった当時の住民は移動に大変な苦労を要した。馬車で移動していた旧鳥取県の議員が落馬事故で死亡する事件もあったという。

また、島根県は県庁をはじめとした役所を松江市に置いた。そのため、主要な産業はみな松江市に移っていき、産業を失った旧鳥取県はすっかり寂れてしまった。

そうした状況を憂いた旧鳥取県の住民は、「鳥取県再置運動」を実施し、政府に掛け合った。かつて反目していた相手に頭を下げたわけだから、相当深刻な状況だったのだろう。結局、1881（明治14）年に島根県が解体され、**再び鳥取県と島根県が分立**することになった。

その後、鳥取県と島根県はそれぞれ別の道を歩み、現在に至る。しかし、両県民にとって5年間の支配・被支配の関係は大きな溝となり、「隣と間違われたくない」「一緒にされたくない」といったライバル意識を生むことになったのである。

8 海の上に橋が架けられると県境は？ 広島と愛媛の「ぼんやり」問題

本州と四国のあいだに「瀬戸内しまなみ海道」という道が通っている。瀬戸内海の島々を橋（新尾道大橋、因島《いんのしま》大橋、生口《いくち》橋、多々羅《たたら》大橋、大三島《おおみしま》橋、伯方《はかた》・大島大橋、来島《くるしま》海峡大橋）でつなぎ、広島県尾道市と愛媛県今治市を結ぶ全長約60キロの道で、海を見渡すサイクリングコースとしても広く知られている。

そのしまなみ海道の橋のうち、広島県と愛媛県の県境をまたいでいるのが多々羅大橋だ。

多々羅大橋は中央支間の長さが８９０メートルもあり、１９９９（平成11）年の完成時には斜張橋《しゃちょうきょう》（塔から斜めにケーブルを張って橋げたを吊る構造の橋）としては、世界最長の規模を誇っていた。

現在では世界5位にランクダウンしてしまったものの、斜長橋を採用したことで「鳴き竜現象」という現象で有名になった。鳴き竜現象とは、橋の支柱の下で手を叩くと、それがパーンと乾いた音となって反射しながら空に向かって上っていくもの。

橋に描かれた「県境」は果たして……
——本州と四国を結ぶ「しまなみ海道」多々羅大橋

自転車で橋を渡ると、特によく聞こえてくる。

そして、この多々羅大橋に関して奇妙なのが、**県境をまたいでいるのに、境界が存在しない**ことである。

広島・愛媛両県では「橋の中間点を境界とする」としており、実際、その場所に県境を示す看板が設置されている。

しかし、これはあくまで道路を管理するうえでの便宜的なものにすぎず、海面においては、県境に関する正式な取り決めはなされていない。そのため、**その海の上に架けられた橋にも境界は引かれない**のである。

9 九州の玄関口「北九州市」は本当は「西京市」になるはずだった

九州の玄関口に位置し、北九州工業地帯がある北九州市。

この九州初の100万都市は、合併によって誕生した。市町村合併によって大きな市が生まれることはままあるが、北九州市の場合は合併のスケールが違った。

1963（昭和38）年2月、なんと5つの市が対等合併して、100万人の人口を抱えるひとつの都市になったのである。

合併したのは鉄の町「八幡《やはた》市」、商業の町「小倉《こくら》市」、水陸交通の要地「門司《もじ》市」、水産業が盛んな町「戸畑《とばた》市」、石炭の積み出し港がある「若松市」の5つ。その数の多さもさることながら、町の性格が見事に違っていた。

合併話は戦前の1934（昭和9）年からあったが、各町の意見がまとまらず、実現には至らなかった。それが戦後になって5市の合計人口が100万人を超えるとわかると、多くの市民が賛成し、1963（昭和38）年にようやく合併が実現した。

ところが、合併にともない問題が浮上する。新市名をどうするかという問題だ。

市名公募ではダブルスコアで負けたのに……

新市名を全国から公募したところ、13万7100票もの投票があった。

その結果、第1位は1万2100票を集めた**「西京市」**で、第2位に6600票の「北九州市」、第3位に4100票の「玄海市」と続いた。**現在の市名である北九州市は、ダブルスコアで負けている**のだ。

西京市の西京は、以前から北九州にまつわる名前として使われていた地名。「西の京」という響きが雅《みやび》なこともあり、西京市で決定という雰囲気が強まった。しかし、「**京というのは天皇がいた町につけるべき地名**であり、この町に天皇がいた歴史はない」という意見が出ると、風向きが変わった。そして西京市は見送られ、2番目に多くの票を得た北九州市が新しい市名として選ばれてしまったのである。

得票数では西京市の半分にすぎなかった北九州市だが、北九州工業地帯は日本の4大工業地帯のひとつとして社会科の教科書に掲載され、認知度はアップ。いまも小倉城や門司港レトロ地区など旧市の色を残しつつ発展し続けている。

10 21世紀になっても「戦」で領土を奪い合う広島の町と島根の町

戦国時代、相手の領土を奪い取るためには「戦《いくさ》」に勝つ必要があった。そんな力ずくの国盗《くにと》り合戦はもう過去の話……と思いきや、実は21世紀の現代でも行なわれていた。広島・島根両県境に接する広島県三次《みよし》市布野《ふの》町と島根県飯南《いいなん》町が、なんと**「綱引き」で県境を決めていた**のだ。

通常、県境を変更するためには対象地域の議会で議決されなければならない。それを綱引きで決めるとは、いったいどういうことなのだろうか。

本気の綱引きで国盗り合戦!

布野町と飯南町が町同士で綱引きをするようになったのは2008(平成20)年のことである。舞台は県境にある赤名峠。この峠を通る道は古くから備後《びんご》国と出雲《いずも》国をつなぐ重要な幹線で、江戸時代には幕府直轄の島根・石見《いわみ》銀山でとれた銀を尾道へ運ぶ銀山街道として利用されていた。

勝負の日になると、その赤名峠に布野町と飯南町の住民が集結する。布野町は備後国、飯南町は出雲国と旧国名を冠し、それぞれの国の代表として、男子チーム、女子チームなど計5チーム、各15名ずつを出して綱引きを行なう。

そして総合成績で勝ったほうが「国境」の立て札を1メートル相手側へ動かし、領土を1メートル広げることができるのだ。

第8回目までの通算成績は、積雪などによる中止や引き分けをのぞき、飯南町の4勝2敗。2勝上回る飯南町が領土を2メートル拡張している状態だ。布野町も奪われた領土を奪還すべくリベンジに燃えているが、残念ながら2015(平成27)年4月19日の第8回大会以降、綱引きは行なわれていない。

そもそもこの綱引きは石見銀山の世界遺産登録を機に、両地域の住民交流を深めるためにはじまった。あくまでイベントであり、実際の県境が変わるわけではないが、布野町としては勝ち逃げをされたくないだろう。綱引きが再び行なわれる日が楽しみである。

11 一軒の旅館の中に熊本と大分の県境がある!?

熊本県と大分県には温泉がたくさんある。熊本県では黒川温泉や平山温泉、大分県では別府温泉や由布院温泉の人気が高い。

阿蘇山の北麓《ほくろく》に位置する杖立《つえたて》温泉も人気の温泉のひとつ。一説によると平安時代、弘法大師・空海が訪れ、温泉の効能の高さに感心して薬師如来《にょらい》の像を彫り、手にしていた竹の杖を立てたところ、杖から枝葉が出てきたことから、その名がついたという。

そんな杖立温泉の温泉街に、極めて珍しい大注目の老舗《しにせ》旅館がある。「つえたて温泉ひぜんや」である。

いったい何が珍しいのかというと、**館内を県境が通っている**こと。正確にいうと、ひぜんやは熊本県と大分県にまたがって建っており、その県境が廊下の真ん中を横切っているのだ。このような温泉旅館は、日本広しといえどもここにしかないといわれている。

増築によって県境の上に！

杖立温泉は筑後川上流の杖立川沿いにあり、杖立川が熊本県と大分県の県境になっている。

ただし、県境はこの旅館が建ってから引かれたのではない。

ひぜんやはもともと熊本県側に建っていたが、旅館を増築する際、熊本県側には拡張できる土地がなかったため、広い土地のある大分県側へ増築を進めていった。その結果、県境をまたぐ形になってしまったのだという。

これは特に法律に違反しているわけでもないので、ひぜんやは熊本県側と大分県側にそれぞれ「熊本館」「大分館」という名前をつけた。

両館のあいだには「両国橋」という渡り廊下が通っており、その上に県境がある。肥後路《ひごじ》、豊後路《ぶんごじ》という県境の表示もなされているので、「ここが県境だ！」とすぐわかる。

宿泊客の評判はなかなかよいが、悩みもある。

この旅館の悩みとは、お金関係のこと。

渡り廊下に熊本県と大分県の県境が通っている

営業許可をとったり、税金を納めたり、旅館に必要な消防署や保健所などの手続きをしたりするのは、2県両方でこなさなければならない。これが手間でしかたないらしいのだ。

館内を県境が通っていることでお客へのアピールのひとつになっているのは間違いないだろう。

ひぜんやでは熊本肥後牛と大分豊後牛の味比べなど両県の名物を楽しめるようにサービスを工夫している。

しかし、その代わりに面倒な手続きに悩まされているのだ。

コラム

細長～く伸びた県

新潟県と山形県のあいだに、福島県が細長くはみ出している。その距離、約8キロ。

ここには飯豊山《いいでさん》があり、山頂付近には飯豊山神社が鎮座する。もともとは会津藩の領地だったが、明治の廃藩置県をきっかけに、福島県と新潟県のあいだで領土争いが勃発。15年以上にわたって争いが続いた。

結局、政府から所有権を認められたのは福島県側。神社と境内、そこに至る登山道が同県の帰属となった。その登山道が「細長い領地」として地図に残っているのだ。

山だけではない。島も領土争いに巻き込まれることがある。瀬戸内海沖に浮かぶ面積0・8平方キロの小さな島、石島《いしま》は「井島《いしま》」とも呼ばれる。

同じ島にふたつの表記があるのは、ここに岡山県と香川県の県境があるから。「石島」は岡山県での名称、「井島」は香川県での名称なのだ。

江戸時代、この島は瀬戸内海の漁場をめぐる係争地となり、二度の訴訟のすえ、現在の境界線が確定した。その境界線をもとに県境が引かれたため島は分断されてしまい、同じ島なのにふたつ名称がつけられるという奇妙な事態になったのである。

2

乗って歩いて行ってビックリ！ 電車も道路も船も知らないことだらけ

12 茨城県では21世紀の今も「渡し船」が庶民の足になっている！

毎日渡し船で仕事場や学校に通っている――そう聞いても、交通網が発達した現代ではにわかに信じられないのではないだろうか。しかし、そんな人々が実際にいる。茨城県取手市での話である。

かつて取手市の南側は、現在の千葉県我孫子《あびこ》市と地続きで、そのあいだを利根川が蛇行しながら流れていた。しかし明治時代末期、水害対策として利根川の大改修工事が実施されると、取手市側に位置していた井野村小堀《おおほり》は利根川の流れにさえぎられ、取手市本体と分断されてしまう。

その結果、さまざまな不便に悩まされるようになった住民は、新たな交通手段の設置を協議し、１９１４（大正３）年に**渡し船を運航させることにした**のである。これを「小堀の渡し」という。

小堀の渡しは１９６７（昭和42）年に私営から取手町営となり、その後、取手市の市制施行にともない取手市営となって現在に至る。

これが現役の渡し船「とりで号」

１９９９（平成11）年には市民向けの無料バスの運行もはじまったが、渡し船なら対岸まで5分ほどで到着するため、今も渡し船の利用者は絶えない。

近年では小堀側と取手側のふたつの船着場のほかに、ＪＲ常磐線鉄橋下の桟橋が新たに設けられ、３点間の就航となったことで利便性が増した。

また、２００１（平成13）年までは小堀の住民しか渡し船を利用できなかったが、現在は地区住民以外にも開放され、４００円（小学生は２００円）を払えば３つの船着場をまわる１周48分の船旅を楽しむことができる。

13 私鉄はみな「梅田駅」なのにJRだけ「大阪駅」で押し通しているワケ

東京と大阪はいろいろ違う。慣れていないと混乱することがたくさんある。JR大阪駅周辺の駅名もそのひとつ。JR大阪駅には私鉄や地下鉄の駅が直結しているが、どの駅も「大阪」ではなく「梅田」を名乗っている。同じ場所なのに、なぜJR、私鉄、地下鉄で駅名が違うのだろうか。

その答えを知るヒントは明治時代に隠されている。

大阪駅は1874（明治7）年、現在の大阪駅より少し西寄りに設置された。当初の予定では市の中心部に路線を敷設するつもりだったが、周辺住民の反対に遭い、町外れの梅田につくられた。

実は、これより先に別の路線の敷設計画があった。1869（明治2）年、アメリカの商社が大阪〜神戸間の敷設を申請し、大阪ではほぼ内定していた。しかし、政府は鉄道は民間ではなく政府でやるべき事業であるとして許可を出さず、5年後に自分たちの手で大阪〜神戸間を敷設し、大阪駅を設置してしまったのである。

「梅田」なのか、「大阪」なのか!?

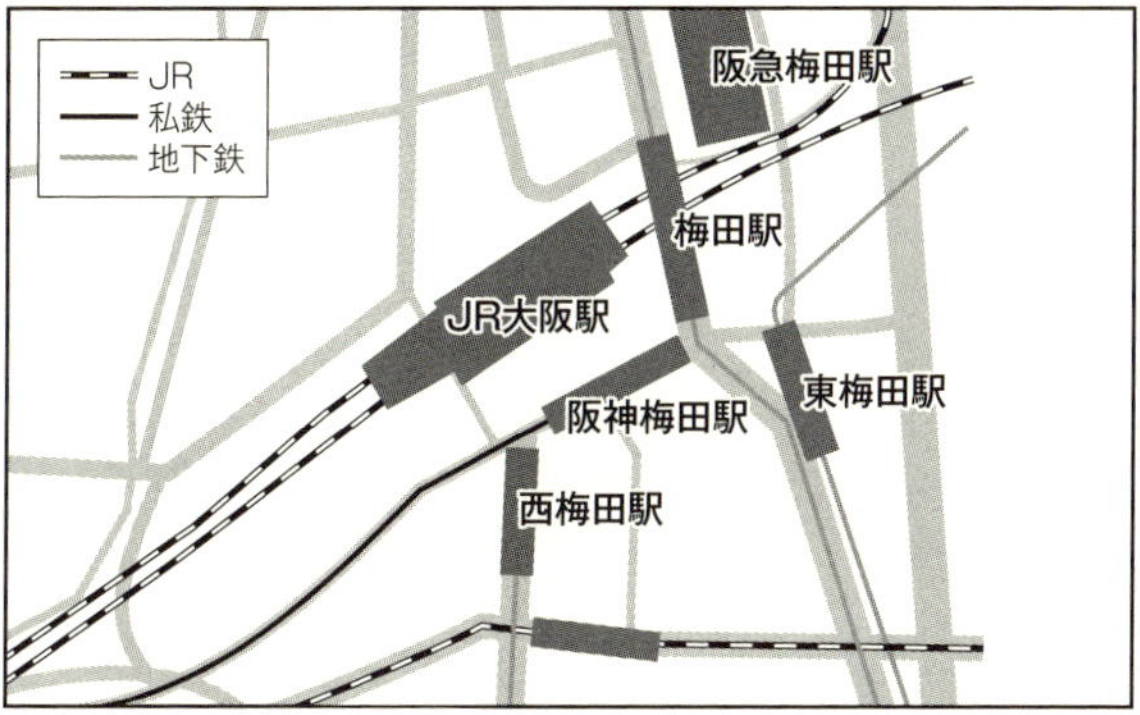

常に「上から目線」の政府に対し、大阪の人々は反発。政府が建設した**大阪駅を大阪駅と呼ばず、「梅田ステンショ」と呼んだ。**

私鉄はしかたなく梅田駅に?

明治時代末期になると、大阪駅前に市電が通りはじめる。このとき駅名を大阪駅とはしなかった。住民のあいだで浸透していた梅田の名を冠して**梅田停車場**としたのである。

その後、阪急電鉄の前身である箕面《みのお》有馬電気軌道や阪神電鉄といった私鉄が乗り入れたときも梅田駅とした。さらに阪急、阪神のほか、大阪市営地下鉄の各路線も、地下鉄御堂筋《みどうすじ》線が梅田駅、地下鉄谷町《たにまち》線が東梅田駅、地下鉄四つ橋線は西梅田駅と、やはり梅田を冠した駅を開設している。

私鉄は、本音では大阪駅としたかったのかもしれない。しかし、政府に対する反発心を抱く大阪市は、それを認めたくなかったのだろう。私鉄が市内中心部への乗り入れを認めてもらうには、大阪駅を使わないようにせざるを得ず、なかばしかたなく梅田駅を名乗ることになったのではないかという説もある。

一見、不自然に思える大阪駅・梅田駅の名称は、こうした複雑な事情を背景に決められたものだったのである。

14 全長20キロにも満たないのに4つの県をまたぐ県道がある！

「ポーン、栃木県に入りました」
「ポーン、群馬県に入りました」
「ポーン、埼玉県に入りました」
「ポーン、茨城県に入りました」

クルマで走っていると、わずか数分のあいだにカーナビのアナウンスが何度も流れる不思議な道路がある。

北関東を通っている県道9号線だ。

全長約18キロの短い道路で、道幅もごくふつう。一見、なんの変哲もない道路である。しかし、この道路はまたぐ都道府県の数で日本一を誇る。

「栃木県道・群馬県道・埼玉県道・茨城県道9号佐野古河《さのこが》線」と4県の県名を冠した正式名称からわかるように、なんと**栃木県、群馬県、埼玉県、茨城県の4県を貫いている**のだ。

全国には3県をまたぐ県道が10路線ほどあるが、4県をまたぐ県道はこれだけしかない。そのため、一部の〝道路マニア〟を中心に、知る人ぞ知る注目の道路となっている。

蛇行する川に沿ってつくったのが原因

栃木県道・群馬県道・埼玉県道・茨城県道9号佐野古河線は、県境が蛇行しているところをまっすぐ通っている。

起点の栃木県佐野市から出発すると、栃木県内を走ったあとに群馬県を通過して埼玉県に入り、もう一度群馬県に戻る。そして栃木県、埼玉県、茨城県と進んでいく。目まぐるしく県名が変わるため、初めて通行する人は間違いなく混乱する。

なぜ、このような複雑な状況になってしまったのだろうか。それは、**もともと県境が入り組んでいたところに道路をつくった**からだ。

このあたりの県境は、蛇行し流れる渡良瀬川《わたらせ》に沿って定められた。

しかし、渡良瀬川はたびたび氾濫《はんらん》を起こし、大きな問題となっていた。そこで、明治時代末期に改修工事を行なうことになり、下流に渡良瀬遊水池を造成するとともに、

この「県道」はいったい何県のもの?

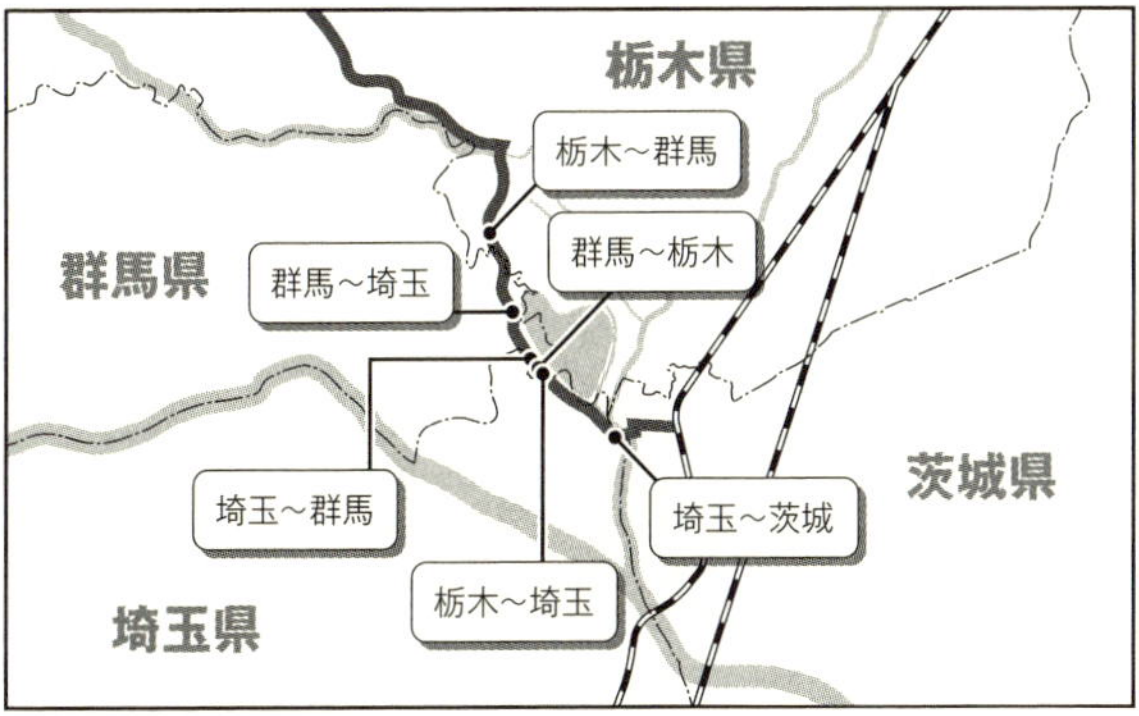

新しい流路を開削《かいさく》した。

渡良瀬遊水池は足尾銅山の鉱毒事件の解決のためにつくられたことでも知られ、現在は湿地が広がっている。

こうした一連の工事により、渡良瀬川はまっすぐになった。しかし、蛇行していた頃に設定された県境は変わらず、やがて県境沿いに道路がつくられた。

その道路が現在の栃木県道・群馬県道・埼玉県道・茨城県道9号佐野古河線。日本で唯一の4県またぎの県道は、こうした経緯で誕生したのである。

15 かつて渋谷をロープウェイが渡っていた！

流行の最先端、渋谷。それはいつの時代も同じだったようだ。１９５０年代前半、まだ戦後まもない時代に、渋谷の空をロープウェイが渡っていたのである。現代の渋谷のシンボルといえば駅前のスクランブル交差点だが、当時はロープウェイがシンボルだったという。

渋谷は１８８５（明治18）年、品川～赤羽間の鉄道（日本鉄道品川線。現在の山手線）が開通し、渋谷駅が誕生したのをきっかけに発展の道を歩みはじめる。私鉄も次々に開業し、駅がターミナル機能をもつようになると、どんどん人が増えていった。

その後、太平洋戦争で大きな被害を受けたが、戦争が終わると闇市《やみいち》が開かれ、町は活気を取り戻していく。

そうした中、１９５１（昭和26）年8月に「空中電車ひばり号」と呼ばれるロープウェイが登場したのである。

ただし、ここのロープウェイは公共の交通機関ではない。子どもしか乗車できない

渋谷の空を進む「空中電車ひばり号」

東急デパート屋上のアトラクションだ。東急百貨店から乗車して隣の玉電ビルへ向かい、そのまま東急百貨店側にUターンする仕様になっていた。

当時の渋谷には高いビルがほとんどなく、このロープウェイから街全体を見降ろすことができたという。

しかし、玉電ビルの増築工事にともない、ロープウェイは1953（昭和28）年に惜しまれつつ廃止されてしまう。開業からわずか2年後のことだった。

戦後の何もない中で、人々に夢を与えたロープウェイ。子どもたちにとって渋谷の空の遊覧はさぞかし楽しかっただろう。

16 存在しない駅「鮮魚」行列車のミステリー

平日の早朝、近鉄山田線・宇治山田駅を訪れると、「鮮魚」という行き先表示を掲げて走る真紅色の電車を目にする。近鉄には全部で286の駅があるが、「鮮魚」という駅は存在しない。しかも、この電車は時刻表にも掲載されていない。

さて、この電車はどこへ向かっていくのだろうか。

実は、この電車は伊勢湾から揚がったばかりの鮮魚を大阪方面で売りさばく**行商人を運ぶための電車**で、一般人が乗車することはできない。行き先表示の「鮮魚」は向かう場所ではなく、文字通り「魚」を示しているのだ。

かつては一般電車で生魚を運んでいた

午前6時9分に宇治山田駅を出発し、伊勢市や松阪、名張、大和高田、鶴橋などを経て、終点の大阪上本町駅へと至る。復路は大阪上本町駅から松阪駅まで運行される。日曜日・祝日を除く平日のみ、1日1往復の運行だ。

この電車は1963（昭和38）年に誕生した。それまで行商人は、通常の列車を利用していたが、魚の生臭さや汚れが問題になり、苦情が出されるなどしたため、近鉄に貸切の専用列車の運行を依頼した。それを受け、近鉄が走らせたのが「鮮魚」の表示の電車なのである。

当初は荷物専用車両や古くなった特急用車両が用いられていたが、やがて冷房やトイレを備えた車両が導入された。現在はロングシートの車両が用いられており、行商人たちは横になって堂々と休息を取ることができる。

だが、時代が進むにつれて行商人がめっきり少なくなり、今では1日平均10人ほどしか乗らなくなった。それでも新鮮な魚を運び、地域活性に役立てるため、この電車の運行を止めることはないという。新鮮な魚を売りたい人、欲している人がいる限り、「鮮魚」の表示を掲げて走り続けるのだ。

近年、この「鮮魚列車」を貸し切って乗ることのできる観光ツアーが開催されている。興味のある人は、一度乗ってみてはいかがだろうか。

17 人気のドライブコース「海中道路」はアメリカがつくった？

沖縄観光の魅力のひとつにドライブがある。太陽が燦々《さんさん》と輝く中、クルマを走らせていると実に気持ちがいい。

おすすめのドライブコースは「海中道路」だ。

「海中」といっても海の中を走ったり、海底トンネルを進んだりするわけではない。沖縄本島の与勝《よかつ》半島と平安座《へんざ》島を結ぶ全長4・75キロメートルの県道で、道路の左右に美しい海が広がる。潮風を感じながら海と同じ目線で走れることから**「海上を走る滑走路」**とも呼ばれる。

海中道路は、もともとは平安座島の人々のためのライフラインとして誕生した。平安座島と本島のあいだに広がる海は水深が浅く、干潮時なら歩いて渡ることもできた。しかし、片道約1時間もかかるし、満潮時には渡し船を使わなければならないため、往来が非常に不便だった。

そこで平安座島の人々は、道路建設を決意。1961（昭和36）年、海中道路建設

道路の開通前。干潮時に歩いて渡っていた

期成会を設立すると、島民から費用と作業員を募《つの》り、文字通り全島をあげて道路を造りはじめたのである。

アメリカの石油会社の力を思い知る

アメリカ軍からもブルドーザーを借り、作業にあたったが、基本的には手作業のため、工事はなかなか進まない。もう少しで2キロ到達というところで、台風によって押し流されたりもした。

それでもあきらめず、地道に作業を続けていると、1968（昭和43）年にアメリカのシェブロン石油（当時はガルフ社）が平安座島に石油備蓄基地の建設を計画。シ

左右に海を見ながら走る

ェブロンは道路建設をサポートしてほしいという島民の願いを聞き入れ、1971(昭和46)年、沖縄の業者に建設工事を依頼した。

これにより建設工事はどんどん進み、翌年4月には海中道路が完成。島民が10年かけて完成できなかった道路を、あっさりと完成させたシェブロン。さすが、アメリカの大企業の力はすごい。

現在、海中道路はドライブコースとして人気沸騰中だが、干潮時だと周囲を見渡しても干潟《ひがた》しか見えないので、ドライブするなら満潮時を選んだほうがいいだろう。

18 世界一、人の多い新宿駅は野原にポツンと建っていた

世界の鉄道駅の乗降客数ランキングを見ると、驚くべき事実を知ることになる。なんと、**上位23位までを日本の駅が占めているの**だ。外国の駅は24位のフランス・パリの北駅まで登場しない。

その中でナンバーワンに君臨するのが巨大ターミナル、新宿駅。新宿駅の1日平均乗降客数は約340万人にのぼる。

駅周辺のにぎわいも別格だ。

東口には大型の小売店が立ち並び、「不夜城」といわれる歌舞伎町も健在。西口には1991（平成3）年に有楽町から移転してきた都庁を中心とする高層ビル群が連なり、南口には2016（平成28）年に高速バス乗り場を集約したバスタ新宿や商業施設が誕生した。

そんな新宿駅だが、開業当初は今とまったく異なる姿をしていた。**野原の中にポツンと建つ寂しい駅だった**のである。

あえて街の中心につくらなかった理由は？

新宿駅ができたのは１８８５（明治18）年のこと。日本鉄道（現ＪＲ山手線）の内藤新宿駅として開業した。そこは**カモの狩場があるような東京の外れ**で、駅舎は小さな木造、１日平均乗降客数は50人程度しかいなかった。

当時の新宿で栄えていたのは現在の新宿駅の東側、甲州街道と青梅《おうめ》街道の交差点あたり。江戸時代には内藤新宿の宿場町があった場所で、遊郭や料理屋などが立ち並んでいた。ならば、そこに駅を建設すればよかったのにと思うだろうが、ある理由で建設することはできなかった。その理由とは、**住民に反対されたから**だ。

当時の鉄道は、大きな音を鳴らし、黒い煙を吐きながら走る蒸気機関車。そんなものが街中を走るとなれば、周辺住民がいい顔をするわけがない。そのため、住民が少ない辺ぴな場所に線路を敷設しなければならなかったのである。

野原に建つ寂しい印象の新宿駅。その風景が変わりはじめたのは開業から10数年後で、１８８９（明治22）年に中央線の前身である甲武鉄道が誕生したことがきっかけだった。それ以降、新宿は交通の要衝《ようしょう》となり、街は大きく発展することになった。

19 本州の北の果てにある「クルマもバイクも自転車さえも通れない」国道

日本には全部で460近い国道があるが、ただ1路線だけ、クルマもバイクも自転車すらも通れない不思議な国道が存在する。本州の北の果て、青森県津軽半島の龍飛《たっぴ》崎にある国道339号線だ。

総延長125キロの国道339号線の中で、問題の区間は、龍飛崎灯台から龍飛漁港へつながるわずか388メートル。その区間に驚くべきことに、362段の階段がある。

ただの階段なのではと疑ってみても、最下段の脇に「国道339号線・階段国道」と記された標識が立っている。正真正銘の国道なのだ。

それにしても、なぜ**階段が国道になっている**のだろうか。

実は、この階段国道はもとは坂道と階段から成る県道だった。坂の中腹に中学校が、上のほうには小学校が建っており、中学校までは階段、そこから先は坂道になっていた。

標識がなければ「国道」には見えない

その後、1974(昭和49)年に国道指定を受けたとき、車両が通行できるように整備される予定だったが、近くの林道で工事が進み、車両が通行可能な町道が完成したため、整備予定は白紙になってしまう。

それでも、せめて登下校がラクになるようにと、1985(昭和60)年に中学校から先も階段化された。こうして現在の階段国道が誕生したのである。

現在は、その小・中学校も廃校になり、この道を使う人は大幅に減ってしまった。しかし、日本唯一の階段国道ということで注目を集め、多くの観光客が訪れるようになっている。もはや立派な観光資源だ。

20 「ゆいレール」以前も沖縄県には電車が走っていた

沖縄県の地図を見ると、那覇空港駅から首里駅へ鉄道が走っている。「ゆいレール」の愛称で親しまれている沖縄都市モノレール線だ。ゆいレールとは、沖縄の方言で「助け合い」を意味する『ゆいまーる』に由来する。

２００３（平成15）年にゆいレールが開通したときには、「日本で唯一鉄道のない県に鉄道が走った！」ということで、沖縄のみならず全国で話題になった。しかし歴史をさかのぼると、ゆいレール以前にも沖縄に鉄道が走っていた時代があるのだ。

最初に沖縄に鉄道が敷設されたのは１９１４（大正３）年で、**那覇～首里間を路面電車が走った**。翌年には那覇～与那原《よなばる》間を結ぶ沖縄県営軽便《けいべん》鉄道与那原線が開業。

軽便鉄道とは一般の鉄道よりも簡便で安価に設置できる鉄道のことで、１９１０（明治43）年に軽便鉄道法が公布されたことによって全国的な軽便鉄道ブームが起こった。沖縄でもその波に乗った格好である。

その後、沖縄県営軽便鉄道は沖縄県営鉄道と改称。１９２２（大正11）～１９２３

（大正12）年に嘉手納《かでな》線、糸満《いとまん》線を新たに開業した。

さらに1925（大正14）年には与那原〜泡瀬《あわせ》間に沖縄馬車軌道が、1927（昭和2）年には糸満〜垣花《かきのはな》間に糸満馬車軌道が開業。こうして沖縄には路面電車・軽便鉄道・馬車軌道という3種類の鉄道が走ることになったのである。

だがその後、沖縄から鉄道は姿を消す。その原因は太平洋戦争だった。

戦争で鉄道ゼロの県に

1944（昭和19）年、太平洋戦争が激化すると、沖縄県営鉄道は民間の利用が制限され、軍用鉄道とされてしまった。

那覇市内も激しい空襲にさらされる中、鉄道は走り続けたが、翌年になると嘉手納線が運行を停止。さらに国場《こくば》駅で蒸気機関車が被弾したこともあり、与那原線と糸満線もなくなってしまったのである。

戦後、鉄道の復興計画が浮上したが、「ゆいレール」の誕生まで、鉄道が走ることはなかった。「ゆいレール」は、鉄道復活を望む沖縄県民の悲願だったのである。

21 高速道路がビルを貫通!?大阪に現われた「未来都市」

大阪には特徴的な高層建築が多い。大阪のシンボルとなっている展望塔「通天閣」、空中庭園のある「梅田スカイビル」、高さ300メートルもある日本一の超高層ビル「あべのハルカス」、超高層ツインタワー「フェスティバルシティ」などが代表例だが、TKPゲートタワービルも忘れてはならない。

TKPゲートタワービルは、阪神高速道路がビル内を貫通しているのだ。地図を見ると、たしかに道路がビルを貫いており、実際にクルマで向かうと、梅田インターチェンジの出口間近で、**道路がビルの中へ延びている**。いったいなぜ、このような形になってしまったのだろうか。

阪神高速道路株式会社によると、貫通高速道路の計画は1980年代半ばから存在していたが、1983(昭和58)年に地権者がこの地に高層オフィスビルを建てようとしたところ、許可が下りなかった。その後、地権者と阪神高速は5年にわたり話し合いを繰り返し、ようやく結論に達した。ビルも建て、高速道路もつくるというのだ。

これを受けて１９８９（平成元）年に着工し、１９９２（平成４）年にビルのまん中を高速道路が貫通する、世にも珍しいオフィスビルが完成したのである。

道路がビルの真ん中に突っ込んでいく光景は日本広しといえども、ここでしか見られない。

なお、ビルの中を通る道路部分はシェルターで覆われ、振動や騒音、排気ガスの心配はない。

今では大阪のシンボルのひとつとしてすっかりおなじみとなったＴＫＰゲートタワービル。

自分で運転するクルマでこのビルの中を走ると、未来都市を実感することができる。

高速道路がビルの中に！

3

自慢の「名産品」もあの「名所」も、ひと皮むけば……

22 東京ディズニーリゾートは、もともとは「手賀沼」に来るはずだった⁉

ディズニーランドとディズニーシーからなる東京ディズニーリゾートは、東京湾を埋め立てた千葉県浦安市舞浜《まいはま》にある。1983（昭和58）年の開業以来、「東京ディズニーリゾートは東京湾岸にある」というイメージがすっかり定着した。

だが実は、1950年代には同じ千葉県でも内陸部の手賀沼《てがぬま》畔にディズニーランドを建設しようとする計画があったのだ。

当時の手賀沼畔は、文化人が別荘や居宅を構える風光明媚《ふうこうめいび》な景勝地だった。1955（昭和30）年、そこに地元の観光開発会社が遊園地を建設する計画を立てたが実現せず、4年後の1959（昭和34）年に**「手賀沼ディズニーランド計画」**が浮上する。

本場ロサンゼルス郊外のディズニーランドを参考に、後楽園や上野動物園、船橋ヘルスセンターを合わせたような大遊園地をつくろうというものだった。

当時の事業計画書では、30万坪の土地を確保し、手賀沼の中央には1万5000坪の人工島をつくる予定だった。この広さは本場のディズニーランドをしのぐ規模だ。

園内は「ヘルスセンター地区」「科学の国」「おとぎの国」「冒険の国」「体育エリア」の5ブロックからなる。そこにメリーゴーラウンドやジェットコースターなどの娯楽遊具設備から、プールや野球場などのスポーツ施設をつくり、さらには沼を横断する空中ケーブルカーや高さ100メートルの手賀沼タワー、東京からの客を運ぶ遊覧ヘリコプターのヘリポート施設まで完備するといった壮大な構想が描かれていた。

よからぬウワサで計画が頓挫！

しかし、この「ディズニーランド計画」は1960年代前半に頓挫《とんざ》してしまう。きっかけは「埋め立て地に分譲住宅が建てられる」「他社へ転売される」といったウワサだった。

これを不審に思った我孫子町、沼南《しょうなん》町当局が会社に対して文書で計画確認の回答を申し入れる事態になり、計画はストップ。最終的には運営会社が手賀沼の水質悪化と会社の財務状態の悪化を理由に、計画から全面撤退してしまったのである。

こうして手賀沼ディズニーランド計画は終わった。今、手賀沼畔を歩いても、かつてこの地に夢の計画があったことをうかがわせるものはなにもない。

23 箱根登山鉄道の梅雨の名物「あじさい電車」は土留め用の苦肉の策

小田原と箱根を結ぶ箱根登山鉄道は日本唯一の本格的な登山電車で、およそ約450メートルもの標高差を往来する。その箱根登山鉄道の名物となっているのが「あじさい電車」だ。

沿線各所の線路際に1万株以上のあじさいが植えられており、毎年初夏になると花が咲き乱れる。その美しい光景を、「あじさい電車」の車窓から眺《なが》めながら移動するのである。

昼間だけでなく、夜はライトアップされたあじさいを楽しむことができる。ただし、夜の「あじさい電車」は指定席券を購入しなければならず、すぐに完売となってしまうため、簡単には見られない。

このあじさいは箱根登山鉄道の職員が太平洋戦争後に本格化に植えはじめ、数十年の月日をかけて完成させたものだが、観光客に楽しんでもらうためだけに植えたわけではない。では、いったい何の目的でたくさんのあじさいを植えたのだろうか。

もし「やまゆり」を植えていたら……

箱根登山鉄道があじさいを植えたのは、土留めをするためだった。箱根登山鉄道の線路脇の盛り土は、雨が降るとしばしば流されてしまう。それを防ごうと、あじさいを植えたのである。

あじさいの根は長く、複数本が絡み合いながら横方向へ伸びていく。そのため、あじさいを植えて地中に根を張り巡らせると、**土留め効果がアップする**のだ。

神奈川県の県花であるやまゆりを植えようという案もあったが、やまゆりの球根はイノシシの好物で、イノシシに見つかると掘り返されてしまうことから、やまゆりではなくあじさいが選ばれたという。

今ではすっかり箱根登山鉄道名物となっているあじさいだが、実用的な目的で植えられたものなのである。

24 「ラベンダーといえば富良野」——実は、本家は札幌！

鮮やかな紫色と心安らぐ香りが魅力のラベンダー。初夏には咲きはじめるこの花は、地中海沿岸を原産とする。もともと日本には自生しておらず、1937（昭和12）年に香料商の曽田政治《そだせいじ》氏によって初めてフランスから日本に持ち込まれた。

ラベンダーで有名な場所といえば、北海道の富良野《ふらの》を思い浮かべる人が多いだろう。今や日本だけでなく世界中から観光客が押し寄せるラベンダーの聖地だ。特に有名な中富良野町の「ファーム富田」には毎年100万人以上が訪れるという。

だが実は、富良野は日本におけるラベンダー発祥の地ではない。同じ北海道でも、札幌が発祥の地だったのである。

国鉄のカレンダーに採用され、人気に火がつく

ラベンダーの種を日本に持ち込んだ曽田氏は、北海道の北見と札幌、さらに千葉、長野、岡山の合計5カ所で栽培を試みた。そのうち札幌で育てたラベンダーの発育状

態や色、香りがもっともよかったため、1940（昭和15）年、札幌市南区南沢の農場で栽培を開始した。これが日本におけるラベンダーの歴史のスタートだ。

その後、ラベンダーが北海道全土に移植されると、各地にラベンダー園がつくられた。富良野でも美しい花を咲かせるようになったが、その多くは鑑賞のためというより、ラベンダーオイルを生産するためのものだった。

しかし、昭和40年代にラベンダーオイルの輸入が自由化されると、ラベンダーオイルの価格は急落。各地のラベンダー園が次々と閉園に追い込まれていった。

1972（昭和47）年には札幌の南沢ラベンダー園が閉鎖され、富良野のラベンダー園も1カ所を除いて閉鎖されてしまう。

しかし1976（昭和51）年、**当時の国鉄のカレンダーに富良野のラベンダー畑が採用**されると、これが大きな話題を呼び、多くの観光客が訪れるようになった。

それ以降、富良野ではこの花が貴重な観光資源とみなされ、再びラベンダー栽培が盛んになった。発祥の地の座は札幌に譲っても、ラベンダー＝富良野のイメージはすっかりものにした格好である。

25 宇都宮が「餃子の町」になったのは、あの芸人のおかげだった！

今や宇都宮といえば餃子《ぎょうざ》、餃子といえば宇都宮。栃木県宇都宮市のイメージはそれくらい〝餃子化〟している。

総務省の家計調査によると、宇都宮市の1世帯あたりの餃子購入額は１９９６（平成８）年から２０１０（平成22）年まで15年連続で首位をひた走り、それ以降も静岡県浜松市と「首位争い」のデッドヒートを続けている。

ＪＲ宇都宮駅の西口には、餃子の皮でヴィーナスを包んだ高さ約１・６メートルの餃子像があり、駅周辺を中心に「宇都宮みんみん」「正嗣《まさし》」など宇都宮餃子の店がいくつも立ち並ぶ。

まさに〝餃子の街〟という風景だ。

宇都宮餃子の歴史は、太平洋戦争期にはじまる。当時宇都宮市に置かれていた旧日本陸軍第14師団が満州へ移駐した際、現地で餃子を食べ、戦後に復員するとその味を再現しようと試みた。それが市民に広まったといわれている。

しかし、宇都宮市に餃子が定着した理由はそれだけではない。女性芸人として一世を風靡《ふうび》した**山田邦子さんが大きく関わっていた**のだ。

テレビで紹介され大反響！

1990（平成2）年、餃子購入額が全国第1位ということに注目した宇都宮市は、餃子をキーワードにした町おこしを企画し、市内の餃子店約40店舗を集めて宇都宮餃子会を設立する。

宇都宮駅前の怪しい「餃子」

宇都宮餃子会は「餃子食べ歩きマップ」をつくったり、餃子祭りを開催するなどして、宇都宮餃子をアピールしはじめた。

そうした中、1993

(平成5)年に山田邦子さんが司会を務めるテレビ東京の番組『おまかせ! 山田商会』が、**宇都宮市の餃子による町おこしを放送**した。

番組では「宇都宮餃子大作戦」と題した企画が合計7回も放送された。これがきっかけとなり、宇都宮といえば餃子の町という認識が全国に知れ渡ることになったのである。実は駅前の餃子像も、そもそも番組の企画で建てられたものだ。

餃子目当てで宇都宮市を訪れる観光客も年々増え、現在では観光客のほとんどが餃子を食べるために来ているといわれるほど。これといって名産品がなかった宇都宮市にとっては、餃子様様、山田邦子様様といったところだ。

そうした経緯もあり、宇都宮餃子会は山田邦子さんを「宇都宮餃子会永世伝道師」に任命。宇都宮餃子をPRする代わりに、宇都宮市内の餃子店で生涯無料で餃子を食べられる権利を与えているという。

26 京都といえば「鴨川」、「賀茂川」――正しいのはどっち？

山紫水明《さんしすいめい》の地ともいわれる京都の街の象徴になっているのが鴨川である。鴨川は市街東部を南北に流れ、桂川に注ぐ川。三条大橋や四条大橋からの眺めは、京都を代表する景観として知られている。

鴨川の流れをたどると、スタート地点は丹波高地南部の桟敷《さじき》ヶ岳。そこから南進し、京都市街に入ると上賀茂《かみがも》神社、下鴨《しもがも》神社脇、出町柳《でまちやなぎ》と流れていく。そして高野川と合流したあとは真南へ向かい、下鳥羽で桂川に注いでいる。

この鴨川については、「鴨川」と書くことがあれば、「賀茂川」と書くこともある。地図を確認すると、上賀茂神社や下鴨神社の東あたりでは賀茂川で、高野川との合流地点である出町柳より下流では鴨川になっている。

いったいどちらが正式な名称で、何を基準に使い分けているのだろうか。実は、これには**上賀茂神社と下鴨神社が関係している**という説がある。

上流と下流で呼び名が違う

上賀茂神社は正式名を賀茂別雷《かもわけいかづち》神社といい、賀茂別雷神をまつる。神武天皇の時代に起源をもち、平安時代になると王城鎮護《ちんご》の神として崇敬《すうけい》を集めた。一方、下鴨神社は正式名を賀茂御祖《かもみおや》神社といい、賀茂別雷神の母・玉依媛命《たまよりひめのみこと》と外祖父・賀茂建角身命《たけつぬみのみこと》をまつる。

これらふたつの神社を基準に、鴨川・賀茂川の名称は振り分けられているといわれている。高野川との合流点より上流には上賀茂神社の「賀茂」を振り分けて「賀茂川」と呼び、下流には下鴨神社の「鴨」を振り分けて「鴨川」と呼ぶようになったのではないかというのだ。

現在、河川管理上の公式な呼称としては、川を管理する国も、京都府も、京都市もすべて「鴨川」を用いている。しかし、高野川との合流地点より上流では「一級河川　鴨川　賀茂川」という標識が使われている。いくら鴨川が正式な呼称でも、古くからの呼び分けを無視することはできないようだ。

27 鳥取名産「二十世紀梨」は、千葉県生まれ

千葉県の有名なゆるキャラといえば、船橋市の非公認キャラクター「ふなっしー」である。最近はメディアへの露出度がめっきり減ってしまったが、かつては全国のご当地キャラの人気ナンバーワンを決める「ご当地キャラ総選挙」で優勝するなど、ゆるキャラブームを牽引《けんいん》していた。

このふなっしーの存在もあり、千葉県は梨の産地というイメージが全国に広まった。実際、**千葉県は日本梨の生産量で全国一**を誇る。

しかし、これまでは梨の生産地といえば鳥取県が有名だった。鳥取県では二十世紀梨が100年以上前から生産されており、二十世紀梨の卸売数量は全国一、シェアの7割以上を占めている。ところが、その二十世紀梨の発祥地は千葉県だったのである。

二十世紀梨を発見したのは、松戸市（当時は千葉県八柱《やはしら》村）の梨園経営者の息子・松戸覚之助《かくのすけ》。明治時代半ば、覚之助は親戚の家のゴミ置き場に自生している梨を見つけると、自宅に持ち帰って植え、10年の歳月をかけて改良した。そして甘味が強く果

汁の多い新品種の梨ができると、農業誌の主幹らが20世紀を迎えた直後であることにひっかけて、「二十世紀梨」と命名したという。

その後、この梨の原木が明治時代末期に鳥取県へ持ち込まれる。

梨にも「事情」がある

鳥取県は梅雨の時期の降雨量が千葉県より少ない。そうした気候が二十世紀梨の栽培に適しており、二十世紀梨が導入されるやいなや、たちまち生産が盛んになった。

一方、千葉県では二十世紀梨よりも幸水《こうすい》や豊水《ほうすい》という品種の梨を好んで生産し続けたため、二十世紀梨の生産量は伸びず、鳥取県に水をあけられていった。二十世紀梨は幸水や豊水に比べて育てるのに手間がかかるのだという。

やがて、二十世紀梨は千葉県では忘れられ、鳥取県で生産量を増やしていった。その結果、二十世紀梨＝鳥取県というイメージが定着したのである。

今も、千葉県で売られている梨は幸水や豊水が多い。ふなっしーがどの品種かは、残念ながら不明である。

28 「信玄堤」というけれど、実は武田信玄がつくったものではない?

甲斐国(山梨県)の武将・武田信玄は、治水工事にも優れていたとされる。

もともと山梨県は急峻《きゆうしゆん》な山地が多く、釜無《かまなし》川、御勅使《みだい》川、笛吹《ふえふき》川などが甲府盆地でたびたび氾濫を繰り返していた。洪水は上流から大量の土砂を運んでくるため、河床が上昇して水位が上がると、さらなる洪水を招く。堤防を築いても、築いたそばから決壊し、田畑や人家に甚大な被害が生じた。

そんな様子を見て、信玄は天下を狙う戦を繰り返すかたわら、治水工事に本腰を入れはじめた。まず釜無川の上流左岸にそびえる高岩と呼ばれる崖《がけ》の下に約630メートルもの土を盛り上げて堤防とし、その上には竹などを植えたり、堤の前面に石を積んだりして水勢を抑えた。

また、丸太を三角錐《さんかくすい》を倒したような形にして聖牛《せいぎゆう》や蛇籠《じやかご》と呼ばれる構築物を配し、強い流れをやわらげたり、下流に「霞堤《かすみてい》」と呼ばれるぶつ切りの石堤を互い違いに組ませる構造をつくったりして大洪水を防いだ。

こうして信玄がつくった堤防を「信玄堤」といい、現在は甲斐市の信玄堤公園などで信玄による治水工事の跡を見ることができる。

豊臣製？　徳川製？

しかし現在、「信玄堤」と呼ばれている堤防のうち、実際に信玄がつくったと考えられている部分は、**三社神社付近から信玄橋東詰の先までの約630メートルしかない**。その下流側に続く「下川除《しもかわよけ》」と呼ばれる約1・3キロメートルの部分は、武田家滅亡後、徳川氏や豊臣氏の家臣が築いたものだ。

甲府盆地内にはほかにも「信玄堤」と呼ばれる堤防があるが、それらもまた信玄の時代につくられたものではなく、それ以降に築かれたとみられている。

つまり現在「信玄堤」とされる堤防のうち、たしかに信玄がつくったものはごく一部しかないのである。

29 「うどん県」こと香川県には「そば派」が住む地域がある

香川県といえば、讃岐《さぬき》うどんを思い浮かべる人が多いだろう。２０１１（平成23）年、県みずから「うどん県」と称してＰＲをはじめたことが功を奏し、今ではすっかり「香川＝うどん」のイメージが定着した。

実際、香川県民はたくさんうどんを食べている。うどん店の数も多く、市街地はもちろん、郊外の道路沿いや農道、山奥にまで、うどん店や製麺所がある。さすがは「うどん県」の面目躍如《めんもくやくじょ》といったところだ。

だが実は、香川県のうどん食には地域差がある。県都・高松市をはじめ丸亀市、坂出市などの中部・西部ではたくさんのうどんが食べられているが、東部に行くほどあまり食べられなくなるのだ。東の限界はさぬき市で、東かがわ市までいくと、うどん店は激減するといわれている。

しかも、うどんがよく食べられている県中部・西部であっても、徳島県とのあいだに横たわる**讃岐山脈のあたりでは、そばがたくさん食べられている**。やせた土地と冷

「香川＝そば」が新常識!?

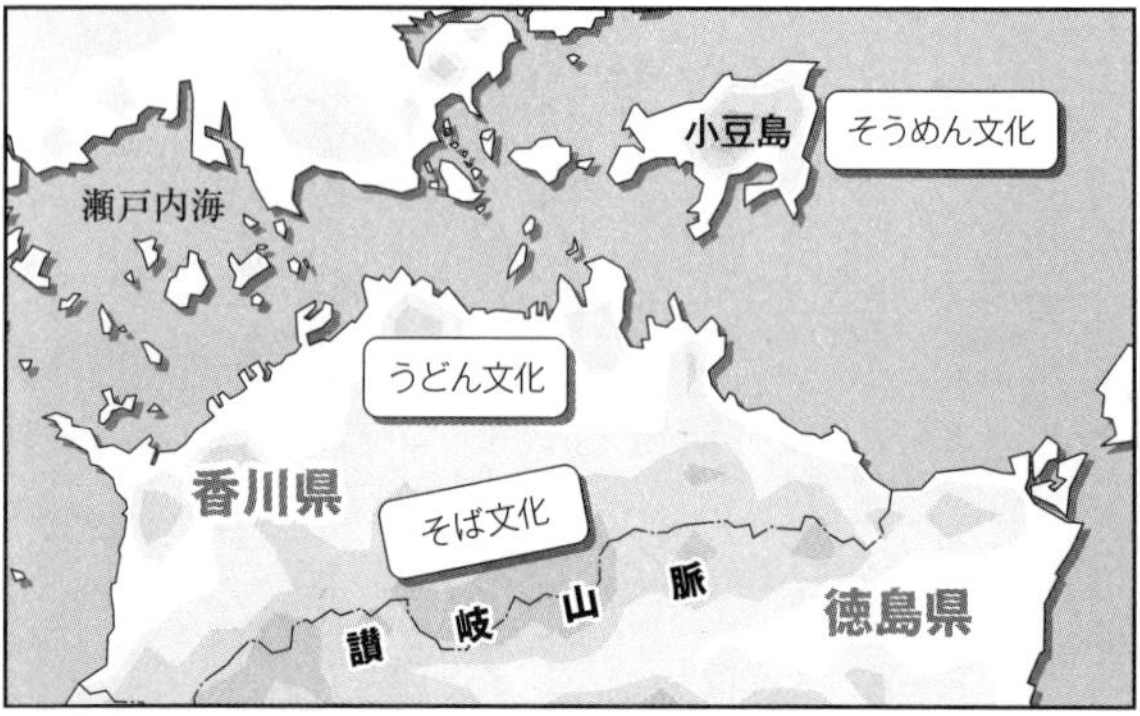

涼な気候がそばづくりに向いており、昔からそばが盛んに栽培されてきたのだ。

また**瀬戸内海に出れば、小豆島《しょうど》はそうめんの産地**となっている。

小豆島でのそうめんづくりは、江戸時代の17世紀にはじまった。

そうめんに必要な小麦と塩を島で生産していたことから、農閑期に行なう副業として考え出されたのだ。

こうしてみると、香川県全域が「うどん県」とはいえないことがわかるだろう。うどん県は中部・西部に限られ、その他の地域ではそばやそうめんがよく食べられているのだから。

30 世界遺産・姫路城の「姫」とは何姫のこと？

日本にはたくさんの城があるが、人気ランキングで必ず上位にくるのが、兵庫県姫路市にある世界遺産の姫路城だ。テレビ朝日系列で２０１９（平成31）年３月に放送された「お城総選挙」でも、姫路城が堂々の１位を獲得した。

この姫路という地名が歴史に登場するのは中世以降で、江戸時代初期に池田輝政が姫路城を築き、城下町を整備した頃の文献に記載されている。その後、姫路藩ができ、明治時代の廃藩置県で姫路県が誕生。姫路県はすぐに飾磨《しかま》県に改称されてしまったが、明治時代半ばに市制が施行され、姫路市となった。

姫路の地名の由来については、姫路城のイメージと相まって、「きれいなお姫さまが通る路」に由来すると考える人が多いだろう。だが実は、姫路の由来はそれほど情緒的なものではないのだ。

「お姫さま」でないとすれば、いったい何に由来するのだろうか。

お姫さまではなく蚕が由来？

姫路という地名のいわれは、次のふたつの説が有力視されている。

まず**ひとつ目の説は蚕《かいこ》**である。姫路ではかつて養蚕業《ようさんぎょう》が盛んで、蚕を「ひめこ（蚕子）」と呼んでいた。蚕子は古語で「ひめじ」ともいい、これに姫路の字があてられたとか、「ひめこ（蚕子）を運ぶ道」が「ひめじ」に転じたなどといわれている。

もうひとつの説は、神話のエピソードである。『播磨《はりま》国風土記』によると、大己貴《おおなむち》命《みこと》という神が乱暴者の息子・火明命《ほあかのりみこと》を捨てようと、航海に出た際に島に置き去りにした。これに怒った火明命は嵐を起こし、父の乗った船を襲う。難破した船からは積み荷が流れ出し、積み荷のひとつの蚕子は日女道丘《ひめじおか》という場所に流れ着いた。

この日女道丘が「姫道」となり、やがて「姫路」という字をあてて地名になったという。

どちらの説が正しいかは意見の分かれるところだが、いずれにせよ、「お姫さま」とは何の関係もないのである。

4

「絶景」「大自然の造形」を見る前に知っておきたい真実

31 海なし県・埼玉には一丁前に「砂丘」がある！

砂丘を歩くのは、何とも心地よいものだ。砂を強く踏みしめると、「キュッ、キュッ」と音がしてクセになってしまう。

日本の砂丘といえば、鳥取県の鳥取砂丘や鹿児島県の吹上浜《ふきあげはま》、静岡県の中田島《なかたじま》砂丘など。日本にある砂丘の数はそれほど多くはない。ただでさえ少ないのに、〝海なし県〟には望むべくもない……と思いきや、なんと埼玉には砂丘がある。

実は、**埼玉県には砂丘が33カ所も存在**しているのだ。

そもそも砂丘とは、風で運ばれた砂が堆積してできた小さな丘のこと。鳥取砂丘のように海岸線にできることが多いが、内陸部にだってできることもある。風によって運ばれた砂が大きな河川の近くに堆積してできる河畔《かはん》砂丘が内陸型の砂丘のひとつで、利根川沿い、木曽川沿い、最上川沿いで確認されている。

埼玉県で見られるのは、羽生《はにゅう》市から越谷《こしがや》市にかけての利根川沿いの地域。特に大きいのが志多見《しだみ》砂丘で、長さ約２５００メートル、最大幅５００メートルもあり、周囲

志多見砂丘。鳥取砂丘とは違って固そうな砂丘だ

と比べると全体的に4～5メートル高くなっている。

この砂丘は平安時代から室町時代にかけて形成されたと考えられている。群馬県の浅間山が噴火し、北西の季節風によって運ばれてきた砂が堆積してできたのである。

ただし、木や草が群生しているので、よく見ないとそこが砂丘だとはわからない。「キュッ、キュッ」と音を鳴らしてみたくても、砂が少ないせいでかなわないだろう。

砂丘の醍醐味《だいごみ》を味わいたければ、やはり海岸沿いの砂丘に行くべきかもしれない。

32 「ああ松島や松島や」から海が消え、陸続きになってしまう!?

京都府の天橋立《あまのはしだて》、広島県の厳島《いつくしま》とともに日本三景のひとつに数えられている宮城県の松島。松島湾とその沿岸一帯が松島にあたり、大小260あまりの島々が奇観をつくり出している。

そのあまりに美しい光景は「松島や　ああ松島や　松島や」という名句でも知られ、「俳聖」と呼ばれた江戸時代の俳人・松尾芭蕉《ばしょう》をもうならせたという。

また、水深が1〜3メートルと浅く、大きな川が注ぎ込まず土砂が運ばれてこないため、湾内では海苔やカキの養殖が盛んに行なわれている。

現在も続く隆起と沈降

この日本を代表する景勝地が、そのうち見られなくなってしまうという説がある。海底面が上昇し、島々が陸続きになる可能性があるというのだ。

歴史をさかのぼること1万年近く前、松島湾の海水面は現在より30メートルほど低い位置にあった。島々は陸続きだった。

その後、海水面の上昇がはじまると、低い部分は海水に浸食され、内海や入江となり、高い部分は半島や島となった。こうして現在、われわれが見る松島湾ができ上がっていったのである。

そして、このような地盤の隆起・沈降は今なお続いている。松島湾については一部の地盤は沈降し、別の部分では逆に隆起しつつあるのだ。

先に述べたように、松島湾の水深はわずか1〜3メートル。このまま隆起が続き、海底が海面上に顔を出してくれば、何千年後、あるいは何万年後かに、**松島は再び陸地になってしまう**かもしれない。

その頃、人類が生存しているかどうかはわからないが、絶景が見られなくなるのは寂しい限りである。

33 日光の「いろは坂」のカーブは「いろは48文字」より多かった！

栃木県・日光の観光名所のひとつに、「いろは坂」がある。日光市街と中禅寺湖《ちゆうぜんじこ》や奥日光を結ぶ山道で、秋の紅葉シーズンには山裾《やますそ》に広がる色鮮やかな光景が楽しめる**絶好のドライブコース**になる。大渋滞に悩まされるが、それを差し引いても、魅力的な観光スポットだ。

いろは坂の歴史は古い。もともとは男体山《なんたいさん》や二荒山《ふたらさん》神社などへの登拝道として使われており、通行量が増えると道路の改修工事がなされた。１９５４（昭和29）年に１本目の道路が完成し、１９６５（昭和40）年にはもう１本の道路も建設された。こうしてでき上がったのが現在の第１いろは坂と第２いろは坂だ。

第１いろは坂は全長６・４キロの下り専用道路、第２いろは坂は全長９・４キロの上り専用道路となっている。

いろは坂の最大の特徴は、その名のとおり、**急カーブの数が「いろはにほへと……」の48文字と同じ48個ある**ことだ。ドライブしながらカーブの数を数えていくと、第1いろは坂に28個、第2いろは坂に20個の急カーブがあり、たしかに合計48個になる。

ところが歴史をさかのぼると、完成当初のいろは坂には50個の急カーブがあったという。残り2個はどこへ消えてしまったのだろうか。

急カーブを2個カット

実は、いろは坂という名前は昭和初期から存在していた。このあたりでケーブルカーを運営していた日光登山鉄道が、急カーブの多さをアピールするため、いろは48文字と結びつけたとされている。

ただし、当時のいろは坂には急カーブが48個以上あり、いろは48文字とぴったり一致していなかった。その後、現在のいろは坂が完成したときには急カーブが50個あったが、そのままではまずいということになり、第1いろは坂の急カーブを2個削減。これにより、いろは48文字とぴったり一致するようになったのだ。

いろは坂をドライブする機会があったら、上り下りで急カーブを数えてみるといい。ぴったり48個あるはずだ。

34 滋賀県民の誇り「琵琶湖」はもともと三重県にあった

琵琶湖は「近畿の水がめ」といわれる。京阪神地方へつながる淀川水系エリアの水源となっているからだ。

また、琵琶湖は滋賀県のシンボルでもある。約670平方キロに及ぶこの湖の面積は、滋賀県の約6分の1を占めており、「琵琶湖といえば滋賀県、滋賀県といえば琵琶湖」というイメージが固まっている。

ところが歴史をさかのぼると、**琵琶湖の〝生みの親〟は滋賀県ではなかった**ことが明らかになる。もともと琵琶湖は三重県西部の上野盆地にあったのだ。

三重で生まれ、滋賀を通ってやがて日本海へ！

琵琶湖は四百数十万年前に断層の活動によって誕生した。

最初は数キロ四方の窪地で、水が溜まって長さ22キロくらいの小さな湖ができた。

この湖を「大山田湖」という。

旅する琵琶湖

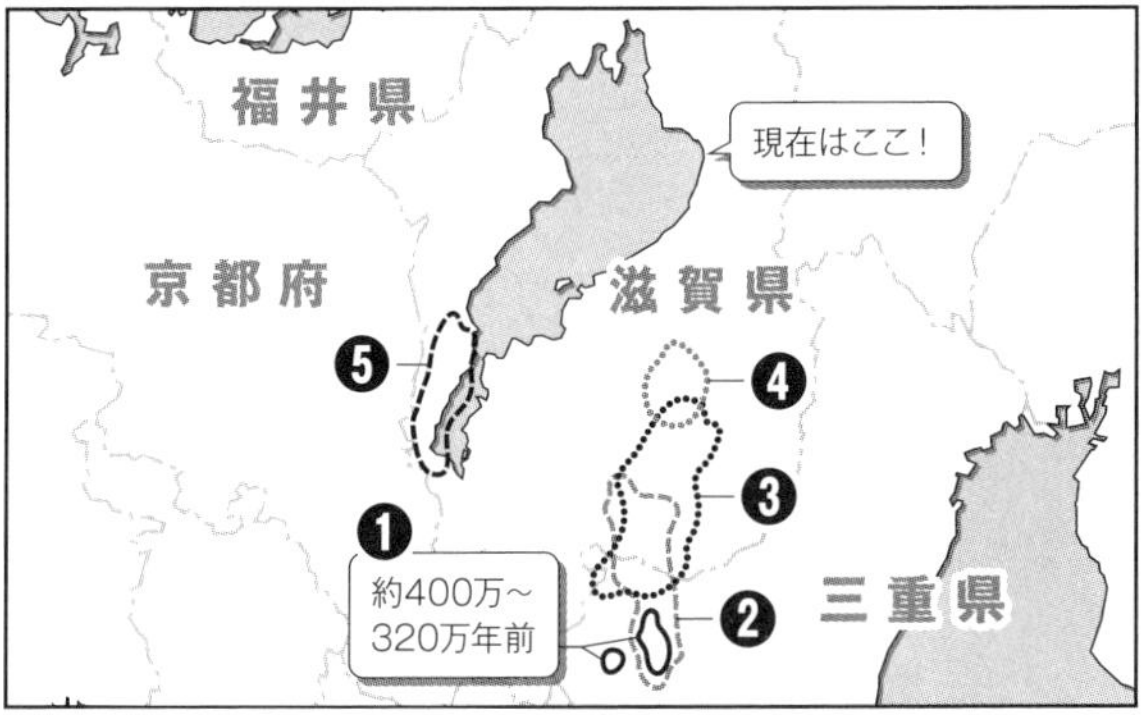

大山田湖は次第に大きくなり、約400万年前に長さ40キロほどに成長。その北端は滋賀県南部にさしかかった。

その後、地盤が北東へ傾き、南部が隆起したことで、湖は北へ移動していく。約200万年前からは隆起と沈降を繰り返しつつ、北へ北へと移動していった。

約40万年前、現在の湖西にある山地沿いの断層が活発に活動するようになると、比《ひ》良《ら》山《さん》や比《ひ》叡《えい》山《ざん》が隆起すると同時に、現在琵琶湖がある地域は沈みはじめる。その結果、でき上がった広大な湖が琵琶湖である。

このように琵琶湖は三重の上野盆地で誕生し、シーソーのような運動を繰り返しながら滋賀県まで移動してきたわけだが、琵琵琶湖の運動が終わったわけではない。驚くべきことに、琵琶湖はいまも1年に約1センチのペースで北へ移動し続けているのだ。

このまま北へ進み続けた場合、滋賀県を通過して、およそ100万年後に日本海へと抜けていく。

そして**最終的には消滅**してしまう。

滋賀県から琵琶湖が消えるなど考えられないが、はるか未来にはそんな日がやってくるのである。

35 「1年のほとんどが雨」という奈良の魔境の山

雨の日は誰もが憂鬱《ゆううつ》になるもの。梅雨の時期などはなかなか気分が晴れない。

では、1年間に半分以上雨が降っていたらどうだろうか。

そんな雨の日だらけのエリアが日本に存在する。奈良県の大台《おおだい》ケ原《はら》だ。

奈良県と三重県の県境、台高《だいこう》山脈の南端に位置する大台ケ原は、標高1500～1700メートルの高原状の平坦地。東西約4キロ、南北約2～3キロにわたって険しい地形が続き、多雨・濃霧であることから、**「魔の山」**などと呼ばれ、長年人を遠ざけてきた。

この大台ケ原の年間降水量は、日本では屋久島と並んでもっとも多く、奈良盆地の3倍以上、過去の年間最大降水量は1920（大正9）年の8214ミリといわれている（日本の年間降水量は平均1700ミリ程度）。2011（平成23）年には105日間雨が記録された。

ではなぜ、大台ケ原ではこれほどたくさん雨が降るのだろうか。その理由は、大台ケ原の地形にあるといわれている。

熊野灘の湿気を含んだ風が斜面にぶつかると……

大台ケ原は和歌山県の南東に広がる熊野灘から20キロくらいしか離れていない。天気がよければ、海岸を見下ろすこともできる。

そのため、海の湿気を含んだ風が吹いてきて、それが標高1500メートルもの急斜面に吹き付けると、風が急速に冷やされて激しい上昇気流となり、上空に雲を作る。その雲が大量の雨を降らせるのである。

特に台風シーズンに雨が多く、長期にわたって雨の日が続く。山がちな場所なので民家はほとんどないが、もしこのあたりに人が住んでいたら、おそらく気分が滅入《めい》ってしまうのではないだろうか。

ただし、大量の雨がつくり上げた自然の景観は実に美しく、訪れる人の心を捕えて離さない。一度は見ておきたい場所といえるだろう。

36 麦畑がいつの間にか山に！「昭和新山」の誕生を誰も知らなかったワケ

ある朝起きたら、目の前に山ができていた……というのは極端だが、平坦な麦畑がどんどん盛り上がっていき、あっという間に山になってしまったという自然現象がいまから約80年前に北海道で起こった。

その山の名前は「昭和新山」。北海道の南西部、カルデラ湖としても有名な洞爺湖《とうや》の南岸に有珠《うす》山と並ぶように屹立《きつりつ》している火山だ。

1910（明治43）年、有珠山の山麓《さんろく》で噴火があり、北側の山腹に**明治新山という火山が出現**した。その後、有珠山の火山活動は休止期に入ったが、30年以上のときを経て、1943（昭和18）年末頃から再び活動を再開。地震が頻発するようになった。

そして1944（昭和19）年1月、南東側山麓の麦畑から噴煙が上がりはじめた。同年6月にはついに噴火。それ以降も噴火や爆発を繰り返し、地面の隆起も続き、小高い丘に成長していく。隆起は1945（昭和20）年に入ってからも止まらず、同年9月には山頂が400メートル近くに達した。**昭和新山の誕生**である。

活動期に入ってからわずか2年余りで、これほどの火山ができるケースはそう多くない。しかも、**何もなかった麦畑にいきなり火山が生まれた**のだから驚きである。ところが、そんな衝撃的なニュースが国民に知らされることはなく、世間一般に知れ渡るまで長い時間を要した。なぜ、すぐに知らされなかったのか。

戦時中のため報道されず

その理由は、太平洋戦争の真っ最中だったからである。

当時、日本国内では厳しい報道管制が敷かれており、世間に動揺を与えるような報道はご法度《はっと》だった。そのため、昭和新山誕生というセンセーショナルなニュースが伝えられることはなかったのである。

しかし、噴火活動の全経過は地元の郵便局長・三松正夫《みまつまさお》らによって克明に記されていた。そのおかげでわれわれは新山誕生までの経緯を知ることができる。さらに三松は、昭和新山ができた土地を買い取り、麦畑を失った住民を支援したのだ。したがって、現在の昭和新山は三松家の所有物となっている。

37 京都府にも「大噴火」を起こした火山がある

最近、日本では地震や津波、豪雨、洪水などが頻繁に発生しているが、京都はそうした自然災害が比較的少ない印象がある。だが実は、京都にもひとつだけ火山がある。かつて大噴火を起こした山だ。

京都唯一の火山は福知山市の西、兵庫県との境界付近に位置する標高350メートルの田倉山（通称・宝山）。

今から20万〜35万年前、少なくとも3回は噴火したと考えられており、山頂部には火口のくぼ地も残っている。

田倉山の南側に残っている夜久野《やくの》ヶ原という溶岩台地は、田倉山から流出した溶岩で形成されたもので、**夜久野の地名は「焼く野」に由来する**といわれている。

近い将来、噴火する恐れはないだろうが活動時期がもう少し遅かった場合、京都の街が被災していた可能性もあるわけで、そう考えると恐ろしくもある。

火山がくれたおいしい野菜と温泉

しかし、京都はこの田倉山の火山活動による恩恵も受けている。

たとえば、夜久野ヶ原の台地からは湧き水が流れ出ていたり、肥沃《ひよく》な火山灰土で育ったおいしい野菜を提供してくれたりしている。また、夜久野ヶ原に広がる雲海の美しさはあまりに美しく、「奇跡の絶景」と話題になっている。

京都の温泉とも無縁ではないだろう。京都には草津や別府のような温泉街がないため、温泉のイメージはほとんどないが、いくつか温泉がある。

たとえば、京都の奥座敷と言われる亀岡市の湯の花温泉。京都市の中心部からほど近く、静かな山あいにある温泉だ。戦国時代には傷ついた武将たちが刀傷《かたなきず》を癒《いや》すために、この湯に浸かったと伝えられる。

火山はたしかに恐ろしいものだが、与えてくれる恩恵もたくさんあるのだ。

5

「日本一」というからには、それはそれは……

38 東京～横浜間と同じ長さ！北海道「ひたすらまっすぐな道」の大工事

北海道にはまっすぐにのびている道路が多く、運転しやすい。山あり海ありの景色を見ながらのドライブは最高だ。そんな北海道の道路の中でも〝別格〟なのが国道12号線。札幌市から旭川市までをつなぐ道路である。

いったい何が別格なのか。答えを披露する前に、この道路の歴史を紹介しよう。

そもそも北海道では、家々が集まり町になったところに道路をつくったのではなく、道路をつくったところに人や家が集まって町が形成されてきた。そのため、広くてまっすぐのびる道が多くなった。

国道12号線もそうして建設された主要道路のひとつで、1886（明治19）年から整備が開始された。建設工事にあたり、北海道庁は「将来、根室国に通じる主要道路の一部になるのだから、**なるべくまっすぐにするように**」と指令を出している。

指令を出すのは簡単だが、そこは真っ平らな土地が広がっているわけではない。工事に駆り出された月形《つきがた》刑務所の囚人《しゅうじん》たちは、なるべく早く、なるべくまっすぐに道路

まん中の縦一直線が国道12号線

をつくろうと尽力。途中に大木があれば取り除き、川や沢があれば橋をかけ、湿地には排水溝を掘るという難工事を実施した。90日後、87キロの仮道路が完成し、現在の国道12号線の一部が誕生したのである。

その後も整備は続き、完成した国道12号線には日本一の直線区間ができていた。美《び》唄《ばい》市光珠内《こうしゅない》の跨線橋付近から滝川《たきかわ》市新町までの区間で、その距離はなんと29・2キロに及ぶ。東京（日本橋）を基準にすると、横浜まで一直線が続くという信じがたい区間である。

ここをドライブすれば、北海道の大きさを実感できること間違いなし！

39 日本一裕福な自治体は、人口たった4800人の愛知の「村」

日本でもっとも裕福な自治体がどこかご存じだろうか。セレブがたくさん住んでいそうな東京都港区ではない。〝世界のトヨタ〟のおひざ元である愛知県豊田市でもない。名古屋市の南、**名古屋港に近い臨海部に位置する飛島村《とびしま》**がナンバーワンだ。

名古屋駅から20キロも離れていないのに「村」である飛島村は、人口およそ4800人、面積は約22平方キロという小ささだが、豊かさは他の追随を許さない。子どもの医療費は18歳まで無料。子どものいる世帯や高齢者に節目ごとに祝い金を贈呈したり、一人暮らしの高齢者に乳酸菌飲料を無料支給したり、「安心カメラ」と名づけた防犯カメラを村内50カ所に設置したりしている。さらに村役場やスポーツ施設、温泉、学校など、立派な建物が村の中に建てられている。

財政力指数で全国トップ！

なぜ、飛島村はこれほど豊かなのか。

その源泉は**税収のおよそ8割を占める固定資産税**だ。村の南の臨海部は工業地帯となっており、およそ200社の企業が立ち並ぶ。そこからの税収が年間10億円にものぼるため、村民に至れり尽くせりのサービスを提供できるのである。

実際、飛島村の財政力指数（豊かさを示す指数）を見ると、2・32でダントツの1位。地方交付税を必要としない不交付団体となっている。

あまりに財政が豊かなため、平成の大合併の際には多くの周辺自治体から合併の誘いが舞い込んだ。しかし、村民にアンケートをとったところ合併に反対する声が多数を占め、さらに村としても合併しても特にメリットがないことから、すべての合併話を拒否したという。

ただし、すべてがバラ色というわけでもない。日本の大多数の市町村と同じように人口減少に悩んでいるのだ。

飛島村は名古屋駅からほど近く、名古屋までは通勤圏（クルマで40分ほど）になるため、移住希望者は少なからずいる。しかし、海抜が低く水害の恐れがあったりして、住宅建設のための宅地をなかなか造成することができない。リッチな村も将来に不安を抱えているのである。

40 消えた！ 日本第2位の広さだった巨大湖

日本の湖を大きい順に並べると、1位琵琶湖（滋賀県：約670平方キロ）、2位霞ヶ浦（茨城県：約168平方キロ）、3位サロマ湖（北海道：約150平方キロ）、4位猪苗代湖《いなわしろ》（福島県：約103平方キロ）、5位中海《なかうみ》（島根県：約85平方キロ）となる。このランキングで、およそ60年前まで2位の座にありながら、現在は18位にまで順位を落としてしまったのが秋田県にある八郎潟《はちろうがた》だ。

八郎潟は秋田県北西部、男鹿《おが》半島のつけ根に位置する面積約28平方キロの淡水湖。東北を代表するバス釣りスポットとして、あるいは人から龍に変えられた八郎太郎《はちろうたろう》伝説の地として知られている。

現在の八郎潟を訪れると、本当に霞ヶ浦やサロマ湖より大きな湖だったのかと疑問に思うが、かつてはたしかに面積約223平方キロもある巨大な湖だった。

なぜ、その巨大な湖が10分の1近くまで縮小してしまったのか。その理由は、干拓事業によって埋め立てが進んだからである。

大きかったけれど浅かった

その昔、男鹿半島は本州から切り離された島であり、八郎潟は男鹿半島と本州のあいだに横たわる海だった。やがて男鹿半島が本州と陸続きになると、八郎潟は砂洲によって囲まれた湖になった。

当時の八郎潟は水深が非常に浅い湖で、最深部でも5メートルに満たなかった。そこで江戸時代から干拓して農地にしようという案が唱えられてきた。

実際に本格的な干拓が行なわれたのは太平洋戦争後のこと。1957（昭和32）年、干拓の先進国であるオランダの技術を用いて工事がはじまり、徐々に陸地化されていく。そして1964（昭和39）年に工事はほぼ完了し、**干拓地の中央に大潟村《おおがた》がつくられた**のである。

大潟村では大規模な稲作が行なわれ、たくさんの米が作られた。現在では世帯数が1059を数え、人口も3100人を超えている。春になると桜や菜の花が咲き乱れ、多くの観光客が訪れる。しかし今では、この地がかつて巨大な湖だったとは知らない人もたくさんいることだろう。

41 日本一短い熊野の川は全長20歩！

和歌山県には「日本一の川」がある。紀伊山地から流れ、熊野灘にそそぐ雄大な大河を想像する人もいるかもしれないが、そうではない。日本一は日本一でも、長い川ではなく「短い川の日本一」だ。

その川の名は**「ぶつぶつ川」**という。

熊野古道や熊野那智大社などで知られる那智勝浦町の粉白《このしろ》地区を流れる川で、玉の浦海水浴場に注いでいる。どれほど短いのかというと、全長わずか13・5メートル。川幅も1メートルくらいしかない。

端から端まで20歩足らずで歩けてしまい、写真を撮るとパノラマモードにしなくても全景を収められてしまう。想像を絶する短さだ。

2008（平成20）年までは北海道島牧《しままき》村を流れる全長30メートルのホンベツ（本別）川が日本一短い川とされていたが、この年にぶつぶつ川が二級河川として法指定されたことにより、ぶつぶつ川が日本一の座についた。

これが二級河川「ぶつぶつ川」の全て

社会科の教科書には日本一長い川（信濃川）の記載はあっても、日本一短い川の記載はない。それゆえ、知名度はいまひとつだが、地元では意外と知られている。

ぶつぶつ川について、もうひとつ気になるのがその名前だ。冗談のように聞こえるが、これが正式な名前である。

実はこれは、川の水が川底から湧き出てくる様子に由来する。実際、川を見ると気泡とともに清水が「ふつふつ」と湧き出ており、「ふつふつ」がなまって「ぶつぶつ」になったといわれている。

あまりに短く、名前も不思議なぶつぶつ川。一度は見てみたい川である。

42 九十九里浜はたった15里の「サバ読み浜」!?

身長を盛ってしまったことはないだろうか。169センチなのに170センチと160センチと言い張ったり、150センチ台なのに160センチと言い張ったり……。単に見栄を張っているだけだが、「盛られた地名」というのもある。

たとえば、千葉県の九十九里浜だ。

九十九里浜は房総半島の東岸を南北に長くのびる海岸。美しい海岸線と広々とした砂浜の景色が特徴的で、毎年夏になると多くの海水浴客が訪れる。日本屈指のサーフスポットとしても知られ、2020年の東京オリンピックではサーフィンの会場に選ばれた。

九十九里という名前から、長さが99里（約395キロ）あると思い込んでいる人も多いだろう。ところが**実際は、15里（約60キロ）程度の長さしかない**。なんと、300キロ以上も盛っているのだ。いったいなぜ、これほど盛大に盛ってしまったのだろうか。

名づけ親は源頼朝？

九十九里浜という地名の由来については諸説いわれているが、よく知られているのが鎌倉幕府をひらいた**源頼朝によって名づけられた**という説だ。

頼朝はあまりの浜の長さに驚き、浜の砂に矢を立てて距離を測ることにした。6町（1町は約１０９メートル）を1里として測ったところ、99本目で矢が尽きた。そこから「九十九里浜」と名づけたという。

しかし、信頼できる文献に「九十九里」の地名が登場するのは、江戸時代の18世紀はじめ頃とされており、この頼朝説については否定的な見方もある。

そもそも長さの基準が現在とは異なるため、盛っているわけではないという意見もある。かつての基準にもとづいて計測すると90里ほどの距離になり、１００里に近いことから「九十九里浜」と命名された可能性があるというのだ。

そのほかにもいろいろな説があり、真相はよくわからない。ただ、それでも地元の住民が見栄を張り、短い距離を長く見せようとしたわけではないようだ。

43 北海道の「日本一の飛び地」には東京23区がスッポリ！

土地の一部が母体から離れ、遠隔地に〝飛んで〟いる場所を「飛び地」という。全国各地にたくさんの飛び地があるが、日本一広大な面積を誇る北海道は、飛び地もまたケタ違いに大きい。

面積563・9平方キロ、東京23区とほぼ同じ広さの飛び地を抱えているのが、北海道の中央部に位置する日高町だ。

平成の大合併の際、日高町と門別町、平取《びらとり》町、穂別《ほべつ》町、鵡川《むかわ》町は5町合併を協議していた。しかし、合併協議は物別れに終わり、鵡川町と穂別町が抜けた。

日高町、門別町、平取町は再び3町での合併を模索したが、門別町と日高町にはさまれた平取町は、門別町をはぶいて、日高町との2町合併を望んだ。平取町は自分たちより人口の少ない日高町と合併すれば主導権を握れると考えたからだ。門別町は平取町より人口が多かったため、仲間に入れたくなかったのである。

しかし、平取町の望んだように事は運ばず、**日高町と門別町だけで合併**することに

北海道は「飛び地」も大きい

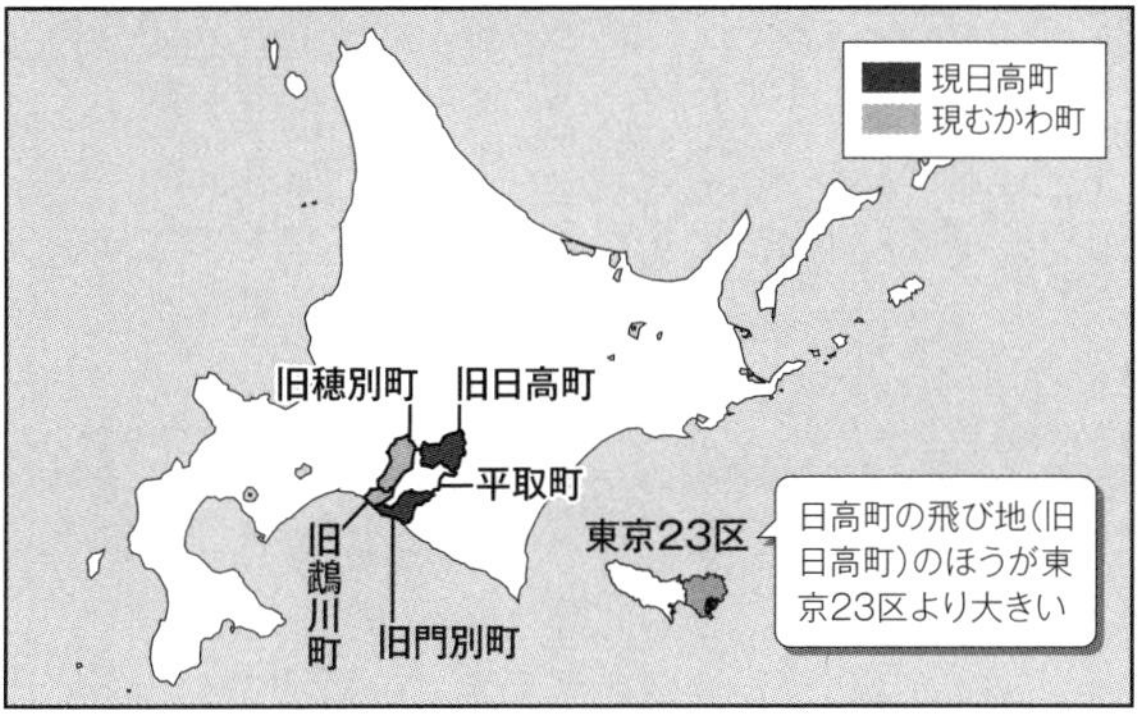

なった。新しく誕生した町は名前こそ日高町となったが、人口では門別町のほうがはるかに多いため、役場は門別町に置かれた。その結果、面積５６３・９平方キロの旧日高町がまるごと飛び地となってしまったのである。

釧路市と釧路町が別にあるために

北海道の南西部に位置する伊達《だて》市の飛び地も大きい。

平成の大合併の際、伊達市は壮瞥《そうべつ》町、大滝村、洞爺村、虻田《あぶた》町、豊浦町との合併を協議していた。この話が暗礁に乗り上げると、伊達市、壮瞥町、大滝村の３市町村が合併協議を行なったが、壮瞥町が離脱。壮瞥町は、圧倒的に人口の多い伊達市が主導権を握ることを快く思わなかったのだ。

結局、伊達市と大滝村だけで合併することになったのだが、両地区のあいだには壮瞥町があるため、大滝村は飛び地となってしまった。伊達市の面積が170平方キロなのに対し、大滝村は274平方キロ。**飛び地のほうが1・6倍も大きい**ことになる。こうなるともはやどっちが「飛んでいる」のかわからない。

もうひとつ、釧路市の飛び地もサイズの面では驚く。

平成の大合併の際、釧路市は近隣の阿寒町、白糠《しらぬか》町、音別《おんべつ》町、鶴居村、釧路町との合併を考えており、実現すれば面積日本一の市が誕生するはずだった。釧路市はまず隣接する釧路町との合併を目指した。

だが、釧路町は過去に合併を申し入れて拒まれたことや、財政難の釧路市と一緒になりたくないといった理由で釧路市との合併を拒否した。すると鶴居村と白糠町も合併協議から離脱。結局、釧路市、音別町、阿寒町の3市町だけが合併することになり、音別町が飛び地となってしまった。**音別町の面積は名古屋市より大きな401平方キロ**。

北海道だけに飛び地もさすがに大きいのである。

44 あの「アニメゆかりの市」は香川県や大阪府より大きい!

北アルプスの山の中、碁盤《ごばん》の目状の古い町並みが残り、「飛騨の小京都」として親しまれている岐阜県高山市。最近では人気映画『君の名は。』の舞台のひとつとして話題なったが、その〝サイズ〟でも注目を集めている。

実は、高山市は日本一面積の広い市町村なのだ。

もともと高山市は、**戦国武将の金森長近《かなもりながちか》によって開かれた城下町**だった。1585(天正13)年、飛騨入りした長近は、当時日本で三指に入るとほめそやされた名城・高山城を建設。それとともに城下町づくりにも積極的に取り組み、整然とした町を築き上げた。その後も金森氏による統治が続き、「小京都」と呼ばれる町並みができていった。

江戸中期には金森氏が移封され、高山は幕府の直轄領となる。そして高山城は破却の命令により、取り壊されてしまった。

明治時代になると、1875(明治8)年に高山市の原型となった高山町が誕生する。高山一之町村、高山二之町村、高山三之町村が合併してできた高山町は、岐阜県ではもっとも大きな町だった。

平成の大合併で日本一の市に

ここから高山町はどんどん「巨大化」していく。１９２６（大正15）年、灘村を合併、続いて１９３６（昭和11）年には大名田《おおなだ》町を合併し、高山市となった。さらに上枝村と大八賀《だいはちが》村も合併し、ますます大きくなった。

そして２００５（平成17）年、平成の大合併の際、ひときわスケールの大きな合併が行なわれる。久々野《くぐの》町、丹生川《にゅうがわ》村、清見村、荘川《しょうかわ》村、宮村、朝日村、高根村、国府町、上宝村という実に9つの町村と合併したのである。

この10市町村合併によって誕生した新・高山市は、面積約２１７８平方キロ、東西約81キロ、南北約55キロを誇る超巨大な市になった。この面積は香川県や大阪府より広く、東京都とほぼ同じ。**市が都府県よりも大きい**とは、にわかには信じがたい。もちろん、市単位では日本一だ。

今後も合併を続けたらいったいどうなるのだろうか。

45 「古墳」と「ため池」の数が日本一の兵庫県だからこその歴史

兵庫県には意外な日本一がある。ひとつは**「ため池」の数**。

日本には約20万カ所のため池があるとされているが、そのうち約4万3000カ所が兵庫県に存在する。この数は全国最多。2位の広島県が約2万カ所、3位の香川県が約1万4000カ所だから、いかに多いかがわかるだろう。

特に多いのが東播《とうばん》地方。このあたりは農地のほとんどが水田という県内随一の米どころで、水が欠かせないため、ため池が集中している。

兵庫県の中でも瀬戸内海に面する南部地方と淡路地域は降水量が少ない。農業用水を確保し、水を安定的に供給するために、ため池は欠かせないのだ。

兵庫県では古くからため池がつくられてきたが、その技術は意外なところから伝わっていたと考えられている。それはなんと古墳である。

実は、兵庫県のもうひとつの意外な日本一は**古墳の数**。

文化庁の調査によると全国には16万近い古墳があり、そのうち約1万8800個が兵庫県内にあるのだ。

兵庫県で古墳とため池が共に多いのにはれっきとした理由がある。ため池は稲作が行なわれるようになった弥生時代には、すでに存在していたといわれている。そして古墳時代になると、**ため池づくりの技術が古墳の周囲の濠《ほり》に活かされた**というのである。

ため池がもっとも多くつくられたのは江戸時代だが、当時の人々は古くから伝わる技術でため池を築いていったのだろう。

古墳日本一の背景に「ため池日本一」があったとは、なんとも意外である。

46 日本で一番(?)世界の名画があふれている美術館

ダ・ヴィンチ、フェルメール、モネ、ゴッホ、ムンク、ピカソ……。世界の名だたる画家の名画が見たいと思ったらどうするか。

通常は海外の有名美術館を訪れるとか国内で展覧会が開かれるのを待つしかないが、徳島県鳴門市の大塚国際美術館に行けば、ここにあげた彼らの作品を鑑賞できてしまう。しかも、何点もまとめて。

大塚国際美術館は、ポカリスエットでおなじみの大塚製薬グループが1998(平成10)年に開設した西洋絵画を中心とする美術館。2018(平成30)年のNHK紅白歌合戦で、アーティストの米津玄師が「Lemon」を歌って話題になった場所である。

ただし、この美術館に展示されているのは普通の作品ではない。地下3階・地上2階建、延べ床面積約3万平方メートルという広大な空間に、古代壁画から現代絵画まで、**西洋の名画1000点以上の複製を展示**している。複製とはいえ、どれも精巧かつオリジナル作品の原寸大で、ぱっと見では複製とわからない。

たとえば、システィーナ礼拝堂を飾るミケランジェロの天井画『天地創造』や祭壇画『最後の審判』は、本物が設置されているのと同じ空間がそのまま再現されている。展示室に一歩足を踏み入れれば、現地を訪れたかのような錯覚を覚えるほどだ。

地元経済活性化のために！

注目したいのは、どの作品も紙やキャンバスに描かれたものではなく、陶器の大きな板（陶板）に描かれている点だ。あえて陶板絵画にしたのは、鳴門市という土地に大きく関係している。

鳴門市では、建材として利用される白砂が採取される。白砂は昭和40年代には低価格で扱われていたため、大塚製薬はその価値を上げ、地元経済の活性化につなげようと、白砂でのタイル製造を発案した。

しかし、1973（昭和48）年にオイルショックが発生し、石油価格が高騰したため、工場がストップしてしまう。そこでタイルを建材として使うことはあきらめ、美術資材として使うことにしたのである。

紙やキャンバスに描かれた作品は時間とともに劣化してしまうが、陶板絵画は20

00年ものあいだ、制作時のままの色や姿を保つことができるという。また、破損の危険が少ないため、**近づいたり触ったりしても問題ない**。

まず、この大塚国際美術館でさまざまな作品を知り、お気に入りの作品を見つけたら、本物を展示している美術館に足を伸ばしてみる。そうした鑑賞法も美術作品の楽しみ方のひとつなのかもしれない。

コラム　震災を乗り越えた「希望の鉄道」

ＮＨＫ連続テレビ小説「あまちゃん」に登場し、一躍有名になったのが岩手県の三陸鉄道である。

三陸鉄道は岩手県と沿線の自治体が設立した日本初の第三セクター鉄道会社。長年黒字経営を続けていたが、次第に客足が減り、赤字に陥る。２０１１（平成23）年の東日本大震災では被災し、駅舎や車両は大きな損害を受けた。

だが、地震の５日後には早くも運転を再開し、２０１４（平成26）年４月には全線が復旧。

さらに、復旧したＪＲの路線との統合などがなされ、２０１９（平成31）年３月から「三陸鉄道リアス線」として再出発することになったのである。

三陸鉄道は復興のシンボルでもあり、元気に走ることで被災地に希望をもたらすと期待されている。

6

場所の数だけ、ミステリーがある！
その町ができた理由、消えた理由

47 「名古屋県」が1年だけこの世に存在していた！

名古屋は230万人以上の人口を抱える日本第3の大都市。もしかしたら愛知県という県名よりも知名度は高いかもしれない。

いっそのこと、〝名古屋県〟にしたほうがよかったのではないかとも思えるが、実はかつて名古屋県を名乗っていた時代があったのだ。

1871（明治4）年7月、明治政府は廃藩置県を行ない、全国に3つの府と302の県が誕生した。現在の愛知県内には尾張地方に名古屋県と犬山県、三河地方に重《しげ》原《はら》県、半原《はんばら》県、田原県、岡崎県、豊橋県、刈谷県、挙母《ころも》県など10県が置かれ、その後の統廃合により、同年11月には額田《ぬかた》県と名古屋県の2県にまとまった。

額田県は岡崎市に県庁を置き、名古屋県は名古屋市に県庁を置いた。こうして名古屋県が成立したのである。

ところが、**名古屋県はわずか1年足らずで消滅**してしまう。

1872（明治5）年4月、名古屋県は県庁所在地のある愛知郡の名前をとって愛知県と改称された。さらに11月には愛知県が額田県を統合し、愛知県は現代の地図で見るような姿になったのである。

尾張名古屋は徳川幕府のイメージ?

しかしながら、**なぜ「名古屋」ではなく「愛知」を県名にしたのだろうか。**その理由については、いくつかの説がいわれている。

ひとつは、名古屋という響きが徳川幕府をイメージさせるというものだ。名古屋はもともと尾張国。尾張といえば徳川御三家のおひざ元で、旧薩摩藩(現・鹿児島県)と旧長州藩(現・山口県)が牛耳る明治政府によい印象をもたれない可能性があった。そこで尾張側が名古屋を名乗るのを自粛《じしゅく》したというのである。

戊辰《ぼしん》戦争の遺恨という説もある。戊辰戦争の際、尾張藩は新政府軍についたものの、日和見《ひよりみ》的な態度をとっていた。そんな尾張藩のスタンスを、明治政府は快く思わず、「尾張名古屋」の名を残してなるものかと変更させたという。

真相は不明だが、明治政府との関係で名古屋の名が捨てられた可能性が高そうだ。

48 北海道にあった幻「札幌県」「函館県」「根室県」

北海道はいうまでもなく、47都道府県の中でもっとも面積が広い。九州全部よりも広い。そもそも九州は九州の島だけで7つの県に分かれているが、北海道に県はない。よくよく考えてみると、なぜ分かれていないのか不思議である。

しかし実は、**北海道も3つの県に分かれていた時代**があった。短期間だが、「札幌県」「函館県」「根室県」の3県が道内に存在していたのである。

1882（明治15）年、開拓使制度が廃止されると、北海道にも県制が導入された。それにともない、それまで11カ国86郡に分割されていた北海道を縦に3分割し、札幌県・函館県・根室県が置かれた。札幌県に編入されたのは現在の石狩・空知《そらち》・上川・日高・胆振《いぶり》・留萌《るもい》・宗谷・十勝、さらに後志《しりべし》の一部。函館県には現在の渡島《おしま》・檜山《ひやま》の両支庁を中心に、島牧郡・寿都《すっつ》郡・磯谷郡まで。根室県には現在の根室・釧路・網走・十勝の足寄郡と千島が編入された。

しかし、3県は1886（明治19）年に消滅してしまう。設置されてからわずか4

幻の札幌県札幌市

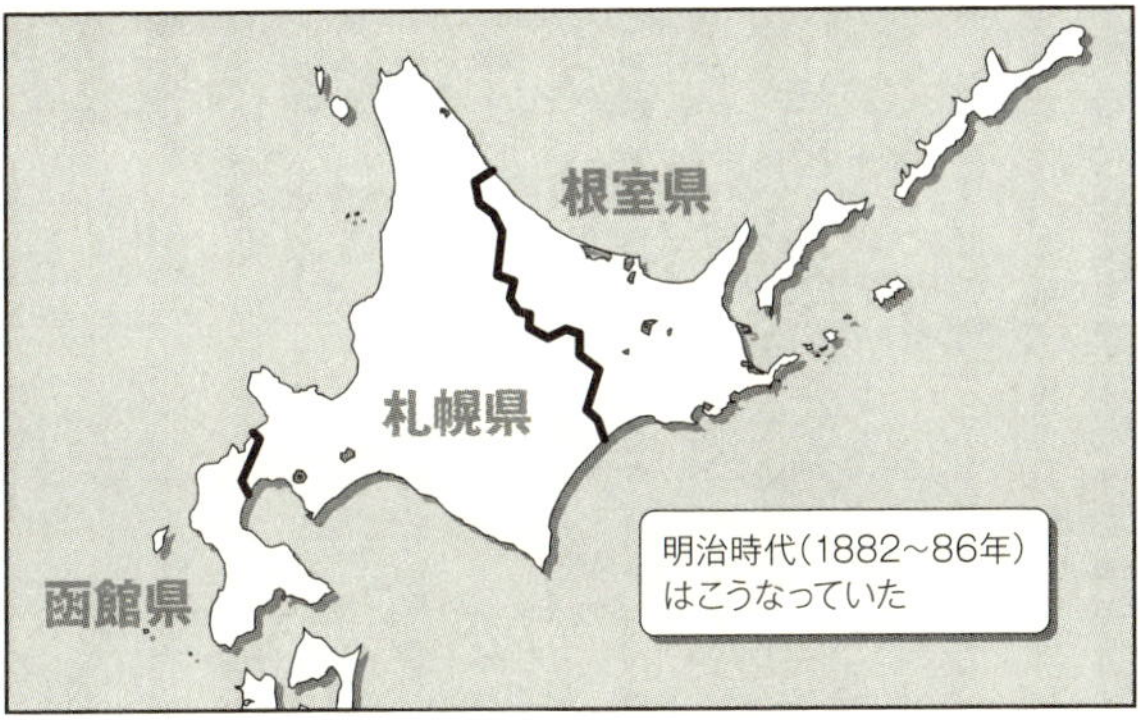

年。いったい何があったのだろうか。

3県消滅の理由は、**国とのあいだで対立が生じたから**である。

1883（明治16）年、北海道全体を管轄する北海道事業管理局が設置されると、北海道は3県1局の二重行政体制に転換。

北海道事業管理局は農商務省の管轄だったこともあり、県とうまくいかず、対立しがちになった。その結果、効率が悪く、人件費がかさむという二重行政でありがちな悪循環に陥ってしまったのだ。

これを受け、1886（明治19）年に3県は廃止に。それ以降は新たに設置された北海道庁が北海道の行政を一手に担《にな》うようになったのである。

49 埼玉県の浦和は「仮」の県庁所在地のはずだった

「仮」に決めていたことがそのまま本決まりになることは世の中さほど珍しくはないが、仮に置いた県庁がそのまま本決まりになってしまった県がある。埼玉県である。

現在、埼玉県庁が置かれているのはさいたま市浦和区。ここに最初に県庁が置かれたのは、1871（明治4）年のことだった。

今、さいたま市の中核になっている浦和や大宮は、もとは東京都足立区と同じ北足立郡に属しており、埼玉県の由来になった埼玉郡には属していなかった。しかし、廃藩置県によって埼玉県が誕生すると、南埼玉郡に属していた岩槻《いわつき》などとともに同じ埼玉県として新たなスタートを切ることになった。

このとき、**県庁所在地に選ばれたのは岩槻**だった。岩槻は江戸城を築いた太田道灌《どうかん》が築城した城を中心に発展した町で、江戸時代には日光御《お》成《なり》街道の宿駅・市場町としてにぎわいをみせていた。

その岩槻に埼玉県の県庁が置かれるはずだったのだが、予定どおりに事は運ばず、浦和に変更されることになった。変更理由は、**岩槻には県庁舎として使えるような大きな建物がなかった**からだ。

本命・岩槻には県庁にふさわしい建物がなかった

東京・西新宿に建つ東京都庁を見ると、都道府県を統括する自治体の庁舎はそれなりに立派な建物でなければならないとわかる。もちろん、都庁に匹敵するような庁舎はそうそうないが、みすぼらしい建物ではその自治体の威信を傷つけてしまう。

しかし、廃藩置県当時の岩槻に関しては、みすぼらしいどころか庁舎として使える建物自体がなかった。その点、浦和には、旧浦和県時代に使っていた庁舎が残っていたため、**とりあえず浦和に県庁を置いておこう**ということになった。つまり、県庁の仮設置である。

浦和はこうして県庁所在地になったわけだが、1887（明治20）年時点での人口はわずか6000人しかいなかった。市に昇格したのが全国の県庁所在地では最後（1934年）ということからも、それほど栄えていなかったことがわかる。

それでも浦和は県庁所在地であり続けた。明治時代半ばには大宮や熊谷への移転が取りざたされたが、内務省が移転を認めなかった。

太平洋戦争後まもない1948（昭和23）年には、放火によって浦和の庁舎が消失する事件も起こり、またもや大宮や熊谷への移転運動が展開された。

しかし、当時の県知事がリーダーシップを発揮し、庁舎を再建する。そして1950（昭和25）年、県庁所在地決定のための採決がとられ、浦和が28票、大宮が22票、無効5票という僅差《きんさ》で、辛くも浦和が県庁所在地の座を守った。

仮に置かれた県庁所在地・浦和。それから150年弱が経過したが、埼玉県の県庁所在地はいまだに浦和であり続けている。

50 皇室ゆかりの「こどもの国」は、もともとは弾薬製造所！

横浜市青葉区と東京都町田市にまたがる丘陵に位置している「こどもの国」。その名前からは、大勢の子どもたちが満面の笑みで遊んでいる平和な光景しかイメージできない。ところが、そのこどもの国に、平和とはほど遠い弾薬製造所だった過去があったとは……。

こどもの国が開園したのは、1965（昭和40）年のこと。**当時の皇太子・明仁親王の成婚と浩宮徳仁親王の生誕を記念**して、5月5日のこどもの日にオープンした。約100ヘクタールの敷地内に遊戯広場やキャンプ場、サイクリングロード、スケート場、牧場などが設けられており、休日になると文字通りたくさんの親子連れでにぎわっている。

そんな現在の姿からは想像もできないが、かつてこの丘陵には**陸軍の施設**があった。戦前、「軍都」と呼ばれた陸軍の町・神奈川県相模原市から近かったため、弾薬を製造したり保管したりする施設がつくられたのである。

こどもの国に現在も残されている弾薬庫の跡

戦後にはアメリカ軍に接収され、その後もしばらく在日アメリカ軍の弾薬庫として利用されていたが、やがてその施設は逗子《ずし》市・池子《いけご》に移されて使われなくなった。

こどもの国として生まれ変わる際、弾薬庫の多くは埋め立てられた。全部で33基あったうち、現在も確認できるものは10基しか残っていない。敷地内を歩いていると、蓋《ふた》をされた横穴がいくつかあるが、それが弾薬庫の遺構だ。

子どもが遊んでいる姿を見るかたわら、ここで弾薬がつくられたと思うと、少し怖くなるかもしれない。

51 人気のレジャースポット・お台場は「黒船」対策だった！

お台場。言わずと知れた東京湾岸のレジャースポットである。アクアシティ、ヴィーナスフォート、ダイバーシティなどのテーマパークで遊んだり、フジテレビ本社ビルの球体展望室から絶景を楽しんだり、各種イベントに参加したり、砂浜で日光浴を楽しんだりと、1日中いても飽きない楽しい場所だ。

しかし明治維新の頃、このお台場は現在とは正反対の緊迫した場所だった。実はここは**砲台を建てるための軍事施設**だったのである。

江戸時代、日本は鎖国政策をとっていたが、幕末になると通商を求める外国船がたびたび出現し、鎖国の維持が困難になる。1853（嘉永6）年には**アメリカのペリー提督率いる艦隊（黒船）**が東京湾入り口の横須賀付近に現れ、幕府に圧力をかけた。

幕府はペリーに平身低頭していったんは引き揚げさせ、翌年に開国に向けた交渉を行なうことを約束した。しかし、幕府としては開国したくない。日本に不利な内容の通商条約を結ぶことも絶対に避けたい。

そこでペリー艦隊に対抗するため、大砲を放つ砲台の建設を決めたのである。

完成したものの一度も使われず

幕府は品川からほど近い海の浅瀬を埋め立てることにし、御殿山《ごてんやま》や高輪台泉岳寺《たかなわだいせんがくじ》の山、白金などの台地を切り崩して土を調達。さらに関東各地から石材や木材を集め、埋め立て工事を実施した。それとともに各藩で砲台を製造する反射炉や火薬、鋳造所などの建設なども進められた。

台場は当初は11カ所に設置する計画で、現在のお台場は第三台場として築かれた。しかし、資金が十分ではなく、また火薬の爆発事故に見舞われるなどしたため、予定の11カ所のうち第一～第三台場と第五・六台場の5カ所しか完成に至らなかった。

しかも台場の建設作業中に、幕府とペリーのあいだで日米和親条約が結ばれたことにより、台場の必要性が薄れてしまう。結局、5カ所の台場は完成したものの、砲台としてはただの一度も使われることなく終わったのである。

ただし、この埋め立て工事のおかげで現在のお台場が開発されたわけだから、幕府には感謝しないといけないのかもしれない。

52 香川県は2回にわたって「消滅」していた?

近年、「うどん県」というユニークなPRもあって存在感を高めている四国の香川県。この県はしかし明治時代前半に消滅したことがある。しかも1回だけでなく、2回も。

そもそも香川県は明治維新後の廃藩置県によって生まれた。1871(明治4)年、高松県と丸亀県、さらに対岸の倉敷県の一部を加えての成立だった。

しかしそれから約1年2カ月後、香川県は最初の「消滅」を経験する。1873(明治6)年、香川県は**名東県**《みょうどう》**(現在の徳島県や兵庫県・淡路島を含む地域)に吸収併合**されてしまったのである。この合併は政府が県の数を少なくするために全国規模で行なった統廃合に基づく措置だった。

名東県は県庁を徳島に、支所を高松に置いたが、旧香川県の住民と旧徳島県の住民はたびたびモメた。両県出身の議員もお互いにいがみ合った。

そんな中、旧香川県が分離を求めて嘆願書を出すと、政府はその訴えを受け入れる。

そして1875（明治8）年、香川県の讃岐地方は名東県から独立し、再び香川県となったのである。

こうして香川県は新たなスタートを切ったが、今度は香川県内部での対立が起こった。新任の県令（県知事）と官吏の意見が衝突したのだ。

これを受けて県人官吏が一斉に辞職したため、県会は大混乱。明治政府は1876（明治9）年、県令と官吏をすべて罷免《ひめん》すると同時に、香川県を再び廃止して今度は**愛媛県に吸収**させた。これが香川県の2回目の消滅である。

ついに独立運動が実を結ぶ

その後、旧香川県の住民はさまざまな場面で不公平をこうむった。たとえば地方税が重かったり、師範学校が愛媛の松山にしかなかったり、県庁までの交通が不便だったりと、不満が募《つの》った。そこで旧香川県の住民は、愛媛県からの分県運動を展開するようになる。

独立運動は地道に続けられ、1888（明治21）年になると、ついに政府を動かした。当時の内務大臣・山縣有朋《やまがたありとも》が「讃岐は面積が狭小でも財政能力は備わっており、単独で県を設置できる」と認めるに至ったのである。

こうして1888（明治21）年、香川県は愛媛県と分離し、香川県として復活した。

2回目の消滅から12年ぶりのことだった。

紆余曲折《うよきょくせつ》を経て現在に至る香川県。うどん県で盛り上がっているが、実は苦労を重ねてきたのである。

日本地図から2回消された県

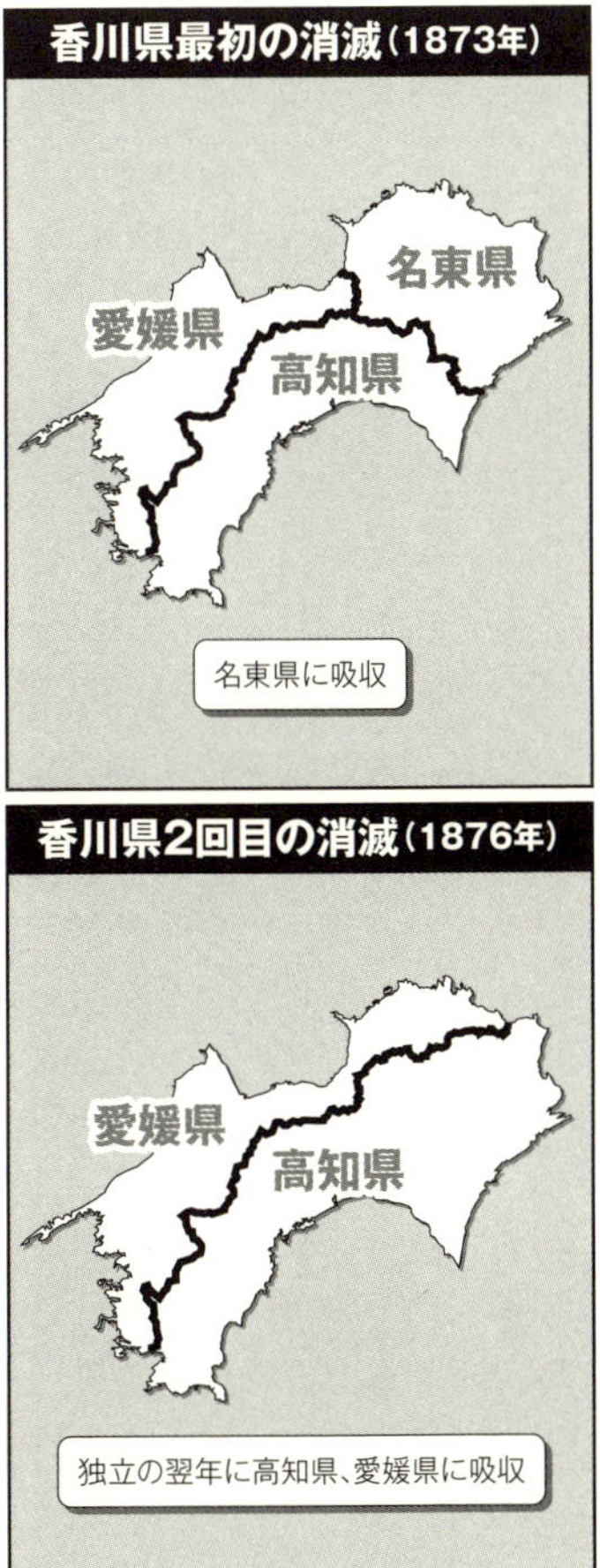

53 北九州・若松港の防波堤は本物の軍艦を埋めてつくられた

ふつう防波堤といえば、コンクリートでできているものだ。ところが、福岡県北九州市若松区には、常識では考えられない「物体」でつくられた防波堤が存在する。その物体とは、なんと軍艦である。

軍艦のモニュメントなどではない。**実際に戦争に使われた本物の軍艦**で、若松港内を波浪から守る防波堤として置かれた。地元では「軍艦防波堤」と呼ばれている。

いったいなぜ、軍艦を防波堤にしてしまったのだろうか。その理由は戦後の〝貧しさ〟にあった。

旧日本軍は太平洋戦争で多くの軍艦を失い、終戦時に残っていた軍艦もアメリカをはじめとする戦勝国に接収された。鉄スクラップになった軍艦も多い。

しかし、中にはあまりに破損が激しく、海上に放置されたものも少なくなかった。そこで考えられたのが、防波堤として使うことはできないか、という案である。

若松港は筑豊《ちくほう》の石炭の積出港として発展した港で、戦後の発展のためにも防波堤の

よく見ると、軍艦の甲板が目の前に！

整備が急務とされていたが、当時の日本経済の状況では、なかなか建材を集めることができなかった。

そのため、軍艦を防波堤として使ってはどうか、というアイデアが出されたのである。

その案は受け入れられ、**駆逐艦《くちくかん》「柳」「涼月《すずつき》」「冬月《ふゆつき》」**の3艇が1948（昭和23）年に若松港の響灘《ひびきなだ》に沈められた。軍艦防波堤の誕生である。

その後、涼月と冬月は港湾整備の際にコンクリートで埋められてしまったが、柳はいまも残っており、現地を訪ねると甲板の上部を確認することができる。

54 わずか一日で消えた「かりそめの市」が大阪にあった

日本には、わずかな期間で消滅してしまった短命の市町村がいくつかあるが、かつて大阪府にわずか1日しか存在しなかった悲しい市が存在した。「南大阪市」である。

南大阪市は1959（昭和34）年1月15日、大阪南部の南大阪町が市へと昇格して誕生した。ところが**昇格したその日のうちに、南大阪市という市名を捨てて「羽曳野《はびきの》市」へと名前を変更**してしまったのだ。

市名を変更する場合、日本のどこかに同じ名前の市があり混乱を招くとか、ブランド力を高めたいといったもっともらしい理由があるものだが、南大阪市は「気分を新たにスタートしたい」というよくわからない理由で市名変更に踏み切った。

その思いは「羽曳野」という新市名にあらわれている。羽曳野とは「羽を曳《ひ》きつつ飛び去る」、つまり鳥が大きく羽を広げて飛び立つという意味。新たに誕生した市も、市内に残るヤマトタケルノミコトの白鳥伝説のように、美しく飛び立ちたいということでつけられたわけだ。

市名変更に必要な「ふたつの手続き」

どうせ変更するなら、最初から羽曳野市にしたほうが、よほど混乱も少なくてすんだはずだ。なぜいったん南大阪市にしたのだろうか。

実は、これは行政手続き上、しかたのないことだった。

市への昇格を許可するのは国であり、市町村名の変更を許可するのは都道府県。市への昇格と市町村名の変更を希望する場合、まず国に市になる許可をもらい、次に都道府県に市町村名を変える許可をもらわなければならない。つまり、**2段階の手続きを踏む必要がある**のだ。

もし一度に手続きができたなら、南大阪町から羽曳野市へ直接変更できただろう。しかし、それは便宜上できなかったため、1日だけ南大阪市にしたのである。

名前を変えるのは、なかなか骨の折れる仕事なのだ。

55 そこにも、ここにも！ 鹿児島の知覧にカーブや丁字路が多いワケ

鹿児島県・薩摩半島の南部に位置する南九州市知覧《ちらん》町は、武家屋敷が立ち並ぶ「南《なん》薩《さつ》の小京都」として知られている。

江戸時代半ばにつくられた庭園もあり、町中を散策していると、江戸時代にタイムスリップしたような気分になる。

この知覧の町で独特なのが、そこかしこにカーブや丁字路があること。主要道の本馬場通りをはじめ、途中で角度をつけたり、「丁」の字型に曲がった道が非常に多いのだ。

カーブや丁字路が多いと、歩行者は進みにくく生活に不便をきたす。それなのに、なぜ知覧ではたくさんのカーブ、丁字路がつくられたのだろうか。

これについては、知覧が外敵からの防衛を目的につくられた城であることを知れば納得がいくだろう。

カーブや丁字路は、侵入者が先を見通しにくいようにしてくれる。つまり、知覧の

曲がり角の先で敵を待ち伏せしていたかも？——知覧の町

カーブや丁字路は、**外敵の侵入を遅らせるための工夫**だったのだ。

知覧で見られる防衛のための工夫はほかにもある。

たとえば、武家屋敷の門を入ると、正面に石垣の壁が立ちはだかり、石垣や生け垣などを設けている。さらに、屋敷の入り口に立つと、その先はL字型に曲がっている。このようにして、内部を見通せないようにしているのだ。

まるで、**中世の城下町を思わせる知覧の町**。一般的な城のような城郭はないのでイメージはわかないかもしれないが、そのつくりは「立派な城下町」なのである。

コラム 歴史上の人物が今なお「町の形」に

江戸時代、日本は鎖国政策をとっていたが、長崎の出島ではオランダと中国に限って交易が認められていた。その出島は、東京ドーム約三分の一の大きさの扇形の人工島だ。

出島が扇形になったのは、徳川幕府3代将軍・徳川家光の指示だと長崎在住のドイツ人医師・シーボルトが書き残している。

長崎商人が家光に「どんな形の島にしましょうか」と尋ねたところ、家光はさっと扇を広げた。それを長崎商人は「扇形にせよ」という意味だととらえた、というのだ。

このように街並みが歴史を語っていることはよくある。

長崎市と北九州市を結ぶ長崎街道は、佐賀市内の佐賀城跡のあたりで右や左に何度も折れ曲がる。その沿道の家々も街道に対して斜めに建っている。これは町の設計を間違えたわけではない。佐賀城を防衛するための工夫なのだ。

鹿児島の知覧町（148ページ参照）と同様、ジグザグの道は攻められにくい。敵を待ち伏せて、町家の陰から攻撃もできる。何かと利点の多い道筋なのである。

7

言われてみれば「謎」だらけの珍百景

56 ああ、川の流れのように四万十川は海ではなく、山に向かって流れる！

高知県南西部を流れる四万十《しまんと》川は、「日本一きれいな川」といわれている。実際に訪れてみると、あまりの透明度の高さに驚かされるはずだ。

しかし、四万十川の驚愕《きょうがく》ポイントは透明度だけではない。その流れ方も常識では考えられないようなルートをたどっている。

通常の河川は高地から低地へ、山から海へと流れるが、四万十川には低地から高地へと流れる部分があるのだ。

四万十川は全長196キロを誇る大河で、主な支流だけで35もある。そのうちもっとも東の支流である東又《ひがしまた》川の源流は、太平洋岸から2キロほどしか離れていない。つまり東へ進めばすぐに海へ出るのに、なぜか海とは反対の西へ向かう。

その後、不入《いらず》山の東斜面を源流とする本流の仁井田《にいだ》川と合流すると、しばらく南へ向かうが、途中で進路を西に変えて高地へと流れていく。この西進は30キロ以上続き、そのまま四国を横断してしまいそうにさえ思える。

迷走する四万十川

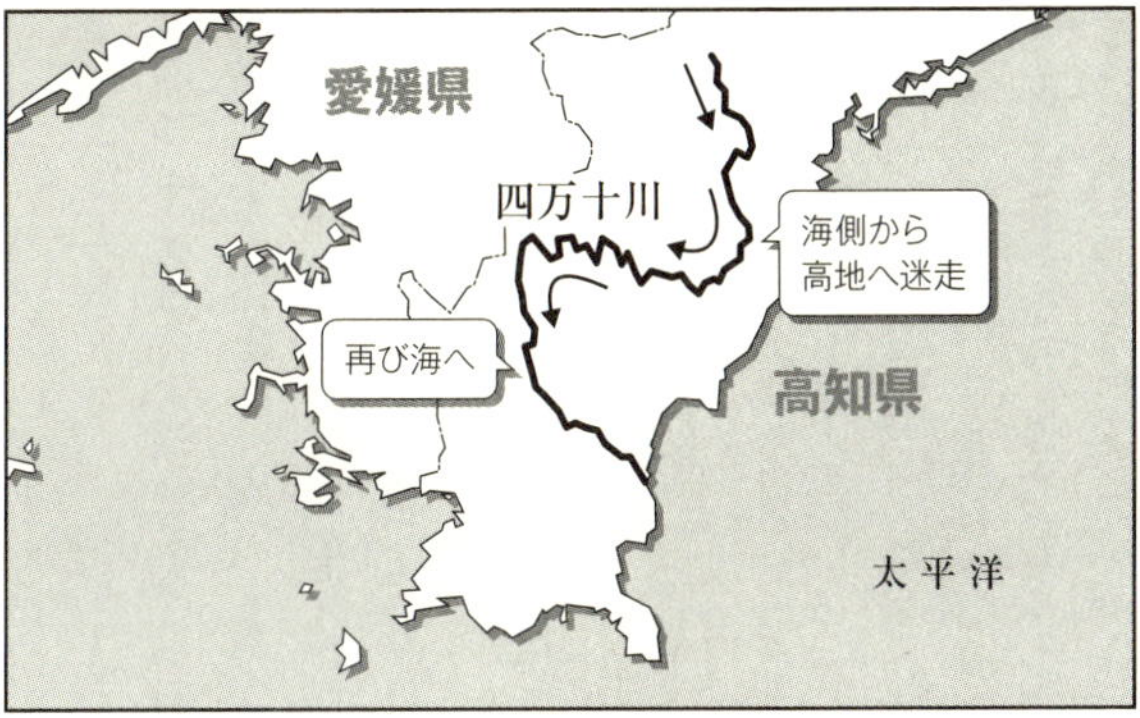

しかし、さすがに四国横断はしない。愛媛県との県境付近で進路を南東に変えて、やっと海を目指して進み出す。

そして最後は土佐湾に注ぐのだ。

こうして見ると、終盤の流れはふつうに海へと向かっているが、序盤から中盤までは**高地に向かって流れている**ことがわかる。なぜ、このような珍しいルートをたどるようになったのだろうか。

１７０万年前の地殻変動が原因

歴史をさかのぼると、もともと四万十川のあたりは平地だった。

しかし、およそ１７０万年前、１０００メートルもの土地が南北に隆起し、現在の四国山地が誕生する。これにより、それまで平地を流れていた四万十川はルート変更を迫られた。

ただし、隆起は非常にゆっくりしたペースで進んだ。そのため、四万十川は高低差が激しくなる前に自らの水流で地面を浸食し、蛇行したまま水深を深くしていった。そして、一部の流域で高地から低地へ、山から海へという「河川の流れのルール」をくつがえし、低地から高地へ、海から山へという逆行ルートをとることになったのである。

海に背を向けて流れる四万十川。その姿は、想像を絶する自然の力を示しているのである。

57 青森県八戸市に「〇日町」がたくさんあるのはどうして？

大阪府の三日市町、三重県の四日市市、広島県の五日市町、新潟県の六日町など、日付がつく地名が全国各地にある。あちこちにあるのでそれほど珍しくはないが、青森県八戸市の場合は別格だ。

三日町、六日町、八日町、十一日町、十三日町、廿《にじゅう》三日町、廿六日町……といった具合に、尋常ならざる数の日付地名が存在しているのだ。

ここは江戸時代に盛岡藩から分離した八戸藩の城下町で、１６６４（寛文４）年から城下町づくりが進められ、現在の町の原型ができ上がった。日付地名は当時の名残である。

通常の城下町では米屋町、魚町、鍛冶《かじ》屋《や》町など、そこに住んでいる人の職業に由来する町名がつけられることが多い。それに対して、**八戸城下の町人町には日付地名がつけられた**。

まず八戸城から南へ向かう通りを見ると、表通り（商人町）に面する表町には三日

八戸市の町名の謎

町、十三日町、廿三日町、八日町、十八日町などが並ぶ。

一方、裏通り（職人町）に面する裏町には朔《ついたち》日町、十一日町、六日町、十六日町、廿六日町などが配置されている。

足して「9」になる町名

ここで足し算をしてみてほしい。

表通りと裏通りの対《つい》になる日付町名を足すと、下一ケタの数が9になるように組み合わされていることに気づくだろう。

具体的に見てみると、十八日町の裏に十一日町、八日町の裏に朔日町、三日町の裏に六日町、十三日町の裏に十六日町、廿三日町の裏に廿六日町、と並んでおり、対になった表裏の数字を足すと、下一ケタの数が9になるのである。

こうした日付地名は、**「市《いち》」が立てられた日付に由来する**といわれる。

八戸では町の並び方が、定期市の開催日のローテーション表示になっていたというわけだ。そして日付地名のついた表通りと裏通りが東西に平行するように町ができていき、やがてそのまわりに稲荷町、馬場町鷹匠小路《たかしょうこうじ》といった武家町や足軽町がつくられ、中心部が形成されていったと考えられている。

八戸市の町並みは、それ自体が江戸時代の町づくりを知るための貴重な資料なのだ。

58 新宿・歌舞伎町に「歌舞伎座」がないのは、計画倒れの名残

歌舞伎座は東京・東銀座にある。最近では外国人観光客の人気観光スポットになり、劇場内で彼らを見かけることも増えた。しかし、東京に不案内な外国人の中には、歌舞伎を観ようとして新宿の歌舞伎町に行ってしまう人が少なからずいるという。

なぜ、歌舞伎町は歌舞伎座がないのに歌舞伎町と名乗っているのか。

新宿コマ劇場が歌舞伎劇場になるはずだった？

歌舞伎町という町名がつく前、このあたりは淀橋区角筈《つのはず》という地名だった。そこが太平洋戦争で焼け野原になると、戦後まもなく角筈一丁目北町会の町会長が、復興を象徴する娯楽場所をつくろうと考え、地主や住民を集めて復興協力会を組織する。

復興計画は芸能広場を中心に劇場や映画館、ホテルを建設するという壮大なものだった。その計画の中に盛り込まれていたのが**歌舞伎劇場の建設**である。

当時はＧＨＱの占領政策によって西洋文化が急速に広まっており、演劇関係者のあ

いだでは歌舞伎文化の衰退・消滅が危惧《きぐ》されていた。そうした中で浮上した歌舞伎劇場建設案に、関係者は大きな期待を抱いた。

建設場所は、２００８（平成20）年まで歌舞伎町のランドマークになっていた新宿コマ劇場があったところで、４階建て１８５０人収容の劇場が計画された。そして劇場名が「菊座」に決まると、新しく誕生する町名も検討され、都の都市計画係から提案された名称に決定した。それが「歌舞伎町」である。

しかしその後、歌舞伎劇場建設は頓挫《とんざ》してしまう。

設計が終わり、あとは工事に移るばかりだったのだが、工事がはじまらないうちに大きな建築物の建設禁止令が出され、歌舞伎劇場とその横に建設される予定だった新劇用の劇場が建設できなくなってしまったのである。

その後、歌舞伎劇場の代わりに建設されることになったのが新宿コマ劇場だった。しかし、町名は歌舞伎町から変更されず、その後も歌舞伎町のまま発展を続けた。外国人観光客には勘違いさせて申し訳ないが、こうした歴史があるゆえ、歌舞伎町は歌舞伎座はなくても今後も歌舞伎町であり続けるだろう。

59 江戸の町は「八百八町」どころか千七百町もあった!

時代劇を観ていると、たまに「大江戸八百八町《はっぴゃくやちょう》」という言葉が出てくる。八百八町とは江戸の町の大きさを示す表現だ。たしかに当時の江戸は世界でも有数の大都市だったといわれているが、本当に８０８も町があったのだろうか。

実は、８０８という数字は正しくない。実際には８０８をはるかに上回る町が江戸には存在していたのだ。

徳川家康が本拠を移したばかりの頃の江戸は、漁村がポツポツ点在するくらいの何もない場所だった。そこに江戸城が築かれると、周辺に町がつくられ、３００町くらいになった。人口も１６１２（慶長17）年頃には15万人ほどまで増えた。

その後も人口は増え続け、８代将軍・吉宗の時代には１００万人以上が江戸の町に住んでいたとみられている。人が増えれば町も増え、都市開発も進んだ。湿地帯が埋め立てられ、町の数は７００〜９００町に増加。

さらに幕府が開かれて２００年ほど経った１８００年代初頭には、１７００町くらいまでふくれ上がったといわれている。つまり、大江戸八百八町の８０８という数は、実際の半分くらいにすぎないのである。

「江戸の華」が江戸の拡大の理由のひとつ

江戸の町がどんどん拡大していったのは、人口増加だけが理由ではない。火災が頻発したせいでもある。

「火事と喧嘩は江戸の華」といわれるように、江戸はとにかく火災の多い町だった。狭い範囲に建物が密集していたため、どこかで火が出ると、あっという間に延焼して被害が拡大した。

そのため、町中に空き地（広小路や火除明地《ひよけあきち》）をつくったり、道路を広くしたり、郊外に寺社を移転させたりするなどの火災対策を施《ほどこ》した。その結果、居住域が広くなり、広くなった居住域に新たな居住者が生まれて、江戸の町はどこまでも拡大していったのである。

よく「大江戸八百八町は誇大広告だろう」などという人もいるが、誇大どころか矮《わい》小《しょう》な表現だった。実際には、江戸の町は１７００町もあったのである。

60 「五階百貨店」は3階建て!? 大阪ミナミのミステリー

電気街として知られる大阪・ミナミの日本橋《にっぽんばし》を歩いていると、「大阪名物　五階」と看板を掲げている店に出くわす。中古家電や骨董品、着物、大工道具などが売られており、年季の入った建物も相まってレトロな雰囲気を醸し出している。

五階百貨店というからには当然、5階建てだろうと思いきや、**3階までしかない**。しかも、**百貨店を名乗りながら百貨店でもない**。このあたり一帯をまとめて五階百貨店と呼ぶのである。

一見、怪しげなこのエリアは、なぜ五階百貨店と名づけられたのだろうか。

五階百貨店の歴史は明治時代にはじまる。1888（明治21）年、このあたりに「眺望閣」という高さ約31メートルの木造五層楼閣《ろうかく》が建てられた。高層からの眺めがウリの娯楽施設で、当時としてはひときわ高い建物だったため、5階に登ると淡路島まで見渡すことができたといわれている。

眺望閣が人気になるにつれて、周辺には露店市が増えていき、やがてどんなものでも手に入る場所と評判になった。そこから一帯が「五階百貨店」と呼ばれるようになったのである。

その後、戦災で一帯が焼け野原になるなどしたため、眺望閣はなくなってしまった。しかし、いち早く日本橋が戦後復興を遂げると、五階百貨店でも商売が再開され、次第に活気を取り戻していった。

五階百貨店には電機店や
工具店などの店舗が入っている

現在の五階百貨店には1店舗あたり3畳ほどの小さな店が軒を並べている。

たしかに少し怪しげな気もするが、品揃えはよく、店員もやさしい。ここには古きよき大阪の風情が今も残されている。

61 鹿児島市内にヨソの村の「村役場」がある不思議

転出・転入手続きや納税手続きをするときは、住んでいる市町村の役所や役場に行かなければならない。しかし、島しょ部に住んでいる人の中には、移動があまりに不便で手続きがスムーズにできないという人もいる。

鹿児島県の三島村や十島《としま》村にもそうしたケースに当てはまる住民が多い。そこで三島村と十島村は思い切った手を打った。なんと、**村役場を鹿児島市内に置いてしまったのである。**実際、鹿児島市の地図を見ると、ふたつの村役場を確認できる。

三島村は薩摩半島の南端から南南西に約50キロ離れた南西諸島の最北端に位置し、竹島・硫黄島・黒島の3島と、いくつかの無人島、岩礁から成る。かつては十島村の一部だったが、太平洋戦争後、分村されて三島村になった。

一方の十島村は、屋久島と奄美大島のあいだに点在するトカラ列島に位置し、口之島、中之島、平島、諏訪之瀬島、悪石島、小宝島、宝島の7島と5島の無人島からなる。南北約160キロにも及ぶ縦長の村だ。

便利で公平万々歳

どちらの村でも主に船で各島間を移動するが、便数が少なく不便なため、買い物や病院に行く場合、大型のフェリーに乗って鹿児島市内まで出る住民が多い。そうした状況を考え、役場を鹿児島市内に設置することを決めたのだ。

当初はどちらの村も島のどこかに役場を置くつもりだった。しかし、その島を公平に選定するとなると、極めて難しい。どの島に役場を置いたとしても、住民が各島に分散している以上、どうしても不公平が生じてしまう。

その点、鹿児島市内に役場を置けば、便利だし公平性も保たれる。だから鹿児島市内に村役場がつくられたのだ。

もちろん、島にも役場の出張所や支所が置かれているので、住民票をもらいに行く程度の簡単な用事ならそこですませられる。本土へ出向いたとき、ついでに用事をすませたい人が鹿児島市内の役場を使うのだ。

コラム　本当にいた⁉　「幻の生き物」の痕跡

福井県は「恐竜王国」の別名を持つ。

この県では1980年代前半から多くの恐竜化石が発掘されている。というのも、このあたり一帯には恐竜が生きていた時代の地層が分布しており、そうした地層で早くから大規模かつ集中的な発掘が行なわれてきたからだ。

そんな実在の生き物「恐竜」に対し、幻の生き物「鬼」の痕跡を見られるのが、宮崎市の南東部に浮かぶ青島だ。

ここでは「鬼の洗濯板」と呼ばれる不思議な光景を目にすることができる。干潮になると、波がそのまま岩になったようなギザギザの岩が海岸線に沿って出現する。「鬼の洗濯板」の名のとおり、鬼がパンツを洗うための巨大な洗濯板のようにも見える。

これは、もともと海面下に隠れていた岩が地質変動によって海面上に出現した後、気の遠くなるような長い時間がかかって、波や海水によって浸食され続けたもの。

青島を取り囲むユニークな海岸線は一見の価値がある。

8

「地図」を見ると余計にわからなくなる不思議ポイント

62 東京から70キロも離れているのに「東京」を名乗る千葉

誇大広告や虚偽表示は悪事とされている。場合によっては、法律で裁かれることもある。しかし、千葉県では「誇大・虚偽の表現では⁉」と感じさせる名称をたくさん見かける。

東京ディズニーリゾート（ＴＤＲ）をはじめ、新東京国際空港（成田国際空港の旧名称）、東京ドイツ村、ららぽーと TOKYO－BAY、東京湾観音など、千葉県内にあるのに「東京」と名のつく施設がなにかと多いのだ。

これは言うまでもなく、**東京ブランドにあやかろう**とするもの。「東京」の知名度は世界レベルで、「千葉」ではそのブランド力に太刀打ちできないから、東京ブランドを拝借しようというわけだ。東京湾に面していたり、東京と目と鼻の先だったりするならば違和感も少ないだろう。

しかし、あまりに遠すぎると違和感が生じる。

東京と名のつく施設のうち、東京からもっとも遠いとされるのは袖《そで》ケ浦《うら》市の東京ド

なんで「千葉」じゃダメなのか

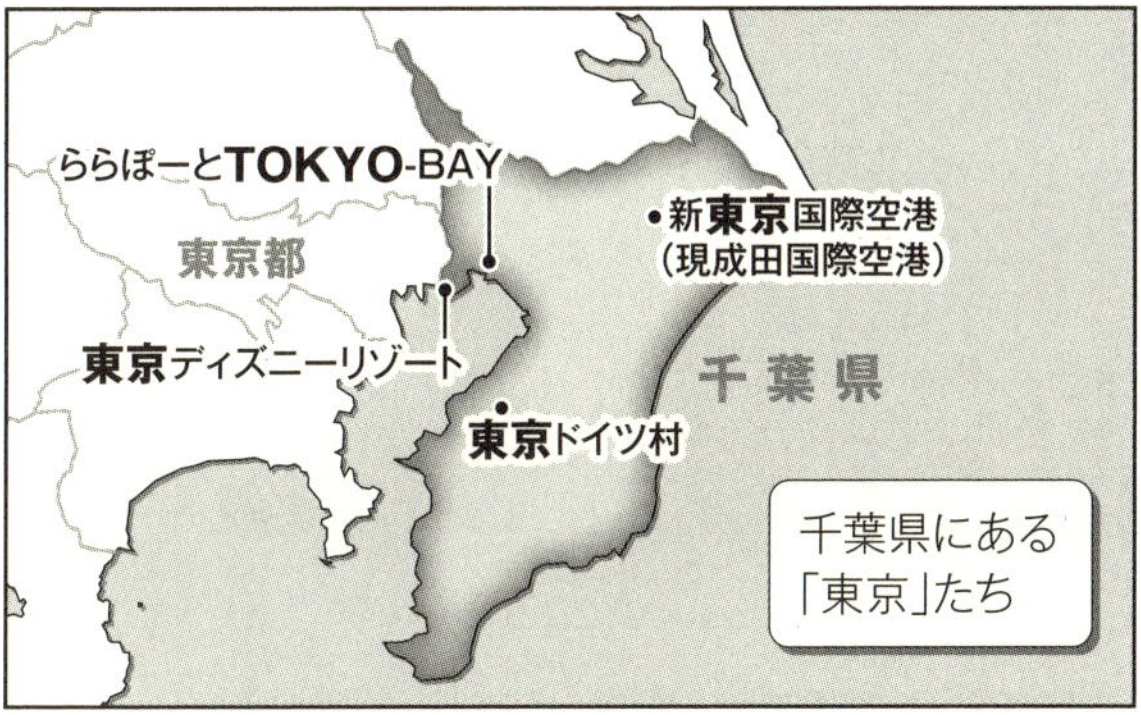

イツ村。なんと、**東京駅付近から70キロも離れている**。群馬県にドイツの田舎の町並みを再現した赤城《あかぎ》クローネンベルクというテーマパークがあったため、差別化のために「東京」をつけたというが、さすがに遠すぎる感は否《いな》めない。

東京湾をアクアラインで横断すれば都心から1時間弱で到着するし、成田国際空港までの距離も同じくらいあるから、許容範囲と言えなくもないが……。

「千葉は東京の植民地」と揶揄《やゆ》されることがあるが、それはこのように東京ブランドに頼りすぎなことも大いに影響していると考えられている。

63 「厚木駅」も「厚木基地」も厚木市には存在しない怪

横浜駅は横浜市内にある。鎌倉駅は鎌倉市内にある。藤沢駅は藤沢市内にある。厚木駅も厚木市内にある……と思いきや、厚木市内にはない。

厚木という市名を冠しながら、厚木市内には存在しない世にも珍しい駅が厚木駅なのである。

厚木駅があるのは相模川をはさんだ隣の海老名市。駅前からすぐに住宅街が広がっている。厚木市の中心部だろうと思って降り立つと、拍子抜けしてしまう。

実は厚木市の中心部にあるのは小田急線の本厚木駅《ほんあつぎ》で、駅ビルの本厚木ミロードをはじめとして周辺には遊戯施設や銀行、ビジネスホテルなどが立ち並び、非常に活気に満ちている。つまり、厚木市でもっとも栄えている駅は厚木駅ではなく本厚木駅というわけだ。

しかしなぜ、厚木駅は海老名市にあるのに厚木を名乗っているのだろうか。その背景には、鉄道会社の意地の張り合いがあった。

厚木への「玄関口」だからOK？

厚木駅ができたのは１９２６（大正15）年のこと。この年、当時の神中《じんちゅう》鉄道（現在の相鉄《そうてつ》線）が、横浜から相模川まで路線を延ばすと、当時の相模鉄道（現在のＪＲ相模線）も茅《ち》ヶ崎《さき》から北上して、相模川東岸に両線が接続する駅をつくることになった。

このとき、神中鉄道は相模川に橋をかけて厚木市（当時は厚木町）まで路線を延ばそうと考えていたが、費用が足りず、海老名の地に駅を設置。このとき**厚木への玄関口という意味**を込めて「厚木駅」と名づけた。厚木駅にはのちに相模鉄道が乗り入れ、同駅は神中鉄道と相模鉄道の両社共用の駅となった。

一方、小田急は１９２７（昭和２）年、海老名側に河原口駅をつくり、１９４４（昭和19）年に相模線と合わせて厚木駅と改名した。このとき厚木市内にある相模厚木駅を、河原口駅に対して**「こちらが本来の厚木である」という意味**で本厚木駅に変えた。こうした経緯で、厚木駅は厚木市外に、本厚木駅は厚木市内に位置することになったのである。

もし、「大和基地」だったら

厚木駅と同じように厚木基地もまた、厚木市にないのに厚木を名乗っている。
5万平方キロ以上の広大な敷地を有する厚木基地は、走路や誘導路、格納庫、管制塔、住宅施設、倉庫、娯楽施設などを備えており、日本の海上自衛隊とアメリカ海軍が共同使用している。

この厚木基地を地図で見ると、綾瀬市と大和市にまたがっているが、厚木市にはかかっていない。その理由については諸説いわれている。

軍事施設を建設する際には、近くの大きな集落の名前を軍施設名とする傾向があった。当時、大和、綾瀬近辺でもっとも近く、また最大の集落は厚木だったため、綾瀬や大和ではなく厚木の名を冠したというのが一説。

ほかに、軍事上の理由で所在をあざむこうとしたとか、「大和基地」とすると戦艦大和と混同するから大和を外したといった説があるが、真相ははっきりしない。

いずれにしろ、厚木市と周辺を散策する際は、駅や基地の場所を頭に入れておかないと混乱必至である。

64 品川駅があるのは港区、目黒駅があるのは品川区というカオス

「品川駅は何区にあるか」と聞かれたら、「品川区」と答えるだろう。「目黒駅は何区にあるか」と聞かれたら、「目黒区」と答えるだろう。

それが当然のように思えるが、どちらの答えも正しくない。品川駅は港区にあり、目黒駅は品川区にあるからだ。

なぜ、こうした珍現象が起こってしまったのか。その背景には、鉄道黎明期《れいめいき》における住民の〝鉄道アレルギー〟があった。

そもそも品川駅は1872（明治5）年に開業した日本最古級の駅である。日本で最初に開業した新橋～横浜間の路線より4カ月も早く仮開業したが、開業までには紆余曲折があった。

江戸時代の品川は東海道五十三次の第一の宿場として栄えており、当時の住民たちは鉄道が敷設されることを聞いて拒絶反応を示した。鉄道について何も知らなかったため、宿場がすたれてしまうのではないかと心配したのだ。

住民による反対運動が起こり、用地が確保できなくなると、鉄道敷設計画に携わっていた大隈重信が、埋め立て地に線路を敷くという迂回《うかい》ルートを提案。それに基づき埋め立て工事を進め、品川の宿場から離れた場所に駅を建設した。

その後、品川駅は1902（明治35）年に最初の所在地から300メートルほど北に移された。その結果、品川の中心からますます離れ、やがて所在地が現在の港区になってしまったのである。

一方、1904（明治37）年には現在の京浜急行の前身である京浜電気鉄道が、品川町（当時）の北の端に乗り入れて新たな駅をつくり、品川駅とした。

その後、京浜電鉄は自社の品川駅を「品川のなかでも北に位置する駅」とみなして北品川駅に改称する。

これにより**品川区にない品川駅が、品川区の北部に位置する北品川駅より北に位置する**というなんともわかりにくい形になった。

目黒駅も住民の反対で移転をしいられる

品川駅から3駅離れた目黒駅でも、同じような現象がみられる。

目黒区にない「目黒駅」、品川区にない「品川駅」

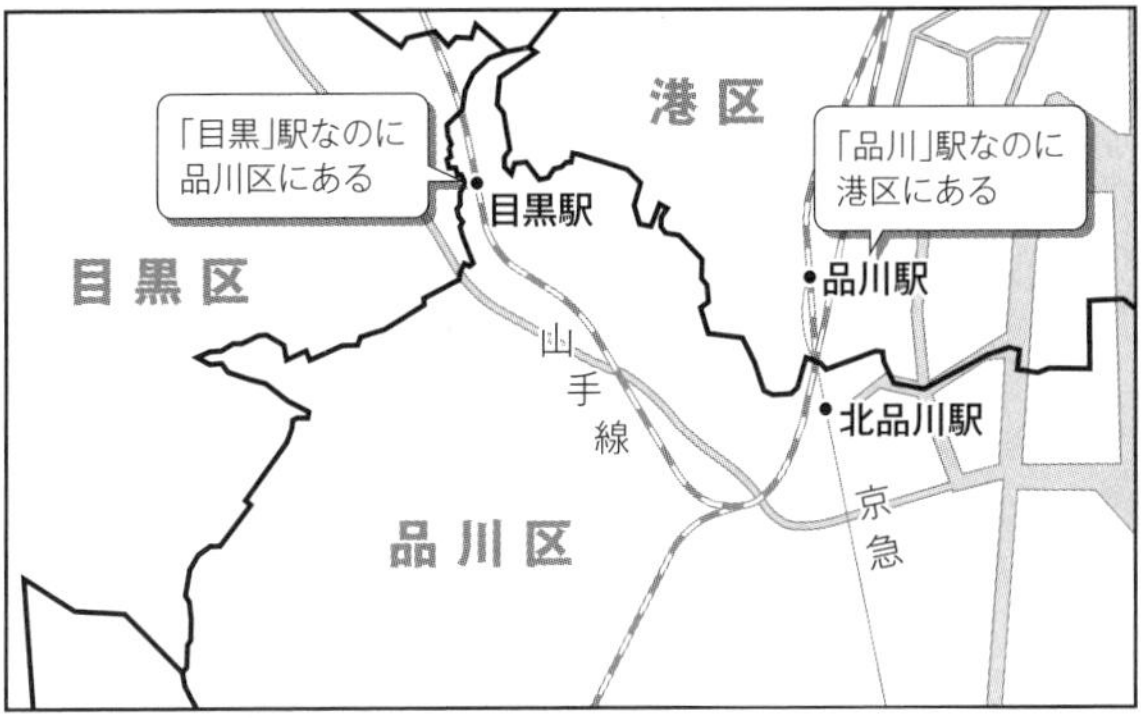

当初の予定では目黒川沿いの低地に線路が敷設されるはずだった。

しかし、目黒の住民は環境の悪化を理由に鉄道建設に大反対。

予定どおりに進めば目黒区内に駅ができるはずだったが、計画を変更せざるをえなくなった。

結局、線路は坂の上へ追いやられてしまい、駅も1885（明治18）年に坂の上につくられた。

こうして目黒駅は、目黒区内ではなく、隣の品川駅がない品川区に位置することになったのである。

65 なんとハワイよりも南にあるれっきとした「日本の島」

日本最南端の都道府県はどこか――この質問に対し、多くの人は沖縄県と答えるだろう。

残念ながら、答えは沖縄県ではない。なんと、東京都なのである。

日本でもっとも南に位置する島は沖ノ鳥島といい、東京都に属する小笠原諸島に含まれている（日本最東端の南鳥島も同様）。その位置は北緯20度25分で、ハワイの玄関口であるオアフ島のホノルル国際空港（現・ダニエル・K・イノウエ国際空港）の位置、北緯21度30分より南になる。

常夏の島、ハワイよりも東京都のほうが南にあると知ると、なんとも不思議な気持ちになるのではないか。

それならば、わざわざハワイにバカンスに行くより、沖ノ鳥島で南国気分を味わえばよいのではないかという人もいるかもしれないが、それは無理な話。なぜなら、沖ノ鳥島は東西約5キロ、南北約2キロ、満潮時には岩の頭2つを残して水没する環《かん》

ハワイより常夏？　日本の島

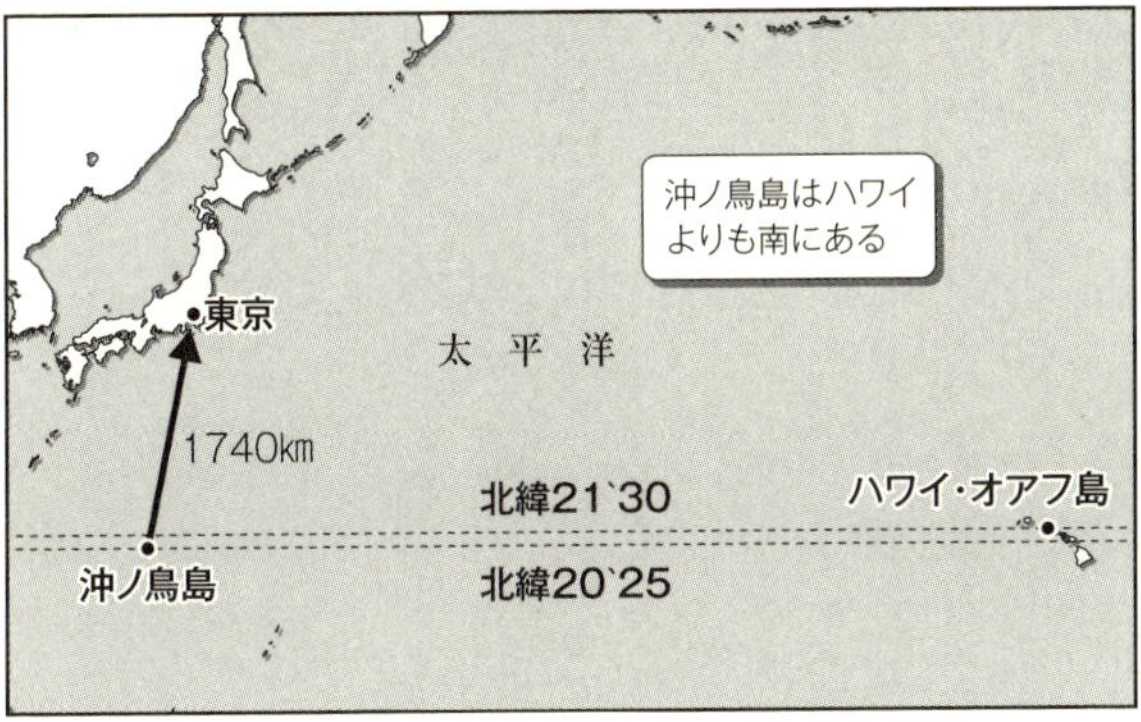

礁《しょう》でしかないからだ。

そんなちっぽけな沖ノ鳥島だが、その存在は日本にとってあまりにも大きい。この沖ノ鳥島があるおかげで、日本は国土全体の面積（約38万平方キロ）を大きく上回る約４００万平方キロもの排他的経済水域（その水域内の生物や鉱物などの資源を調査、開発、保存する権利）をもつことができ、そこから豊かな水産資源を得ているのだ。

最近、沖ノ鳥島の環礁が崩壊して水没する危機に陥ったため、約３００億円をかけて港湾工事を実施した。一見、何の意味もなさそうな環礁でも、実は非常に重要な意味をもっているのである。

66 「日本のへそ」はホントに兵庫県の西脇市？

日本の「へそ」はどこか――日本の中心という意味では「東京」という答えが多いだろうか。

しかし、日本のへそを自称する市町村は全国各地に複数存在する。

たとえば、千葉県銚子市や群馬県渋川市は、それぞれの市を基点に円を描くと日本列島がピッタリ収まるということから、日本のへそを主張している。

また、新潟県糸魚川市は、日本列島をやじろべえに見立てたとき、ちょうど重心になることから、わが町こそ日本のへそだと訴えている。ほかにも、さまざまな言い分で日本のへそを名乗る市町村が40ほどあるといわれている。

そうしたなかで、もっとも古くから日本のへそを主張し続けてきた市町村のひとつが兵庫県西脇市だ。

西脇市は日本列島のやや西寄りに位置しているように見えるが、**日本列島を緯度と経度から見た場合、ちょうど中心地点にあたる**のだという。

われわれが訪ねることのできる日本最北端の宗谷岬と最南端の沖縄県波照間《はてるま》島の中間の緯度が北緯35度で、日本の標準時である子午線が東経135度。この2本の線が交わる場所が西脇市というわけだ。

西脇市の日本のへその起源は大正時代にさかのぼる。

1923（大正12）年、旧陸軍参謀本部陸地測量部の計測にもとづき、交差点標柱が建立された。その後しばらく交差点標柱の存在は忘れられていたが、1977（昭和52）年、市制施行25周年を記念して「日本のへそ」を高らかに宣言。日本へそ公園をつくったり、日本のへそ公園駅を設置するなど、日本のへそを熱心にアピールするようになったのである。

日本のへそ候補はたくさんあるが、西脇市の熱意は群を抜いている。果たしてその効果のほどは？

67 ラピュタの聖地・友ヶ島はこんな理由で地図から消されていた

宮崎駿《はやお》監督・スタジオジブリ制作のアニメ映画『天空の城ラピュタ』。ジブリ映画の中でも人気の高い作品だが、そのファンが大勢訪れる無人島がある。和歌山県と兵庫県の淡路島との間に位置する友ヶ島だ。

友ヶ島は沖ノ島、地《じ》ノ島、虎島、神島の4島からなり、沖ノ島にはコバルトブルーの海を背景に真っ白な洋式灯台が建っていたり、レンガづくりの砲台跡が点在していたり、うっそうとした木々のあいだを山道が通っていたりする。

そうした風景が**ラピュタの世界にそっくり**ということで〝聖地化〟しているのだ。

2006(平成18)年度まで友ヶ島を訪れる観光客数は1万数千人にすぎなかったが、ラピュタの舞台と話題になると急増し、2017(平成29)年度には8万6000人を超えたという。

そんな友ヶ島が一時期、地図から消されていたことがある。明治時代から太平洋戦争までのあいだに制作された地図を見ると、友ヶ島の名前をどこにも見つけることができないのだ。なぜ、存在を消されていたのだろうか。

軍事中枢地だった友ヶ島

友ヶ島は古くは航海者の避難場所、修験者《しゅげんじゃ》の霊場として使われていたが、幕末になると、幕府によって迫り来る外国船を警戒して台場（砲台を置く場所）が築かれた。友ヶ島は大阪湾の入り口に位置するため、軍事的要衝とみなされたのだ。

明治時代に入ると、今度は明治政府が欧米列強による大阪湾侵攻を防ぐため、友ヶ島に砲台や弾薬庫を設置。さらに要塞砲兵連隊の一部を駐屯《ちゆうとん》させた。

そしてこのとき、友ヶ島の存在は秘匿《ひとく》されることとなった。許可なしに島の地形を測量、模写、撮影することが禁止されたのである。

その後も、友ヶ島は軍事要塞として軍の管轄下に置かれ続けた。太平洋戦争が勃発すると多くの兵舎が建設され、約400人の兵士が駐屯したという。

結局、友ヶ島が戦場となることはなく終戦を迎え、戦後、砲台の一部はアメリカ軍によって爆破された。しかし、多くの砲台は当時のまま姿をとどめ、戦争の記憶を今に伝えている。

コラム　〇〇へ続く道

富山市から名古屋市までつながる全長約270キロの国道41号線は、「ノーベル街道」と呼ばれている。日本人のノーベル賞受賞者全26人のうち5人がこの国道41号線と関係しているからだ。

生理学・医学賞受賞の利根川進氏と化学賞受賞の田中耕一氏、物理学賞受賞の梶田隆章氏は富山市にゆかりがある。物理学賞受賞の小柴昌俊氏がつくった実験施設「スーパーカミオカンデ」は飛騨市。化学賞受賞の白川英樹氏は高山市で過ごしていた。

そんな「栄誉への道」よりも気軽に走れておすすめなのが「砂浜ドライブコース」。砂浜は普通のクルマじゃ走れない……と思うかもしれないが、石川県羽咋《はくい》市の「千《ち》里《り》浜《はま》なぎさドライブウェイ」はそんな心配とは無縁。

この全長8キロの砂浜の砂は、きめが細かく、海水を含むと地面が硬くなるため、クルマを走らせても砂にタイヤが食い込んだり、砂を舞い散らせたりする心配はない。そのため、どんなクルマでも砂浜ドライブが楽しめるのである。

9

「伝説」と「歴史」に彩られているはずだったのに！

68 天下分け目の「天王山」、登ってみたら標高たった270メートル

「今日の試合は、リーグ戦の行方を占う天王山《てんのうざん》です。勝者は優勝に向けて大きく前進します！」

ここ一番の大勝負のときには、「天王山」という言葉がよく使われるが、この山が実在することはあまり知られていない。

天王山があるのは京都の南部。京都盆地の西に連なる西山山地の南端に位置する。大阪平野との境目という戦略上の要地にあたり、戦乱ではこの山を押さえられるかどうかが勝敗に大きな影響を及ぼすため、古くから重要な戦いの舞台となってきた。

たとえば、1582（天正10）年の「山崎の戦い」である。本能寺で織田信長が明智光秀に討たれたことを知った豊臣秀吉は、約3万もの軍勢を率いて中国地方から京都へ向かい、天王山で光秀と激突。光秀軍よりも早く天王山の山頂を押さえ、わずか半日で勝利を掌中《しょうちゅう》におさめた。

これ以降、「天王山を制する者は天下を制す」とか「天下分け目の天王山」といっ

天王山は小ぶりな山

た具合に、勝負ごとの「ここぞ」というヤマ場で天王山という言葉が使われるようになったのである。

だが実は、天王山はそれほど立派な山ではない。標高はわずか270メートル。山というより小高い丘なのだ。

天下分け目の場所というわりに、実物はこぢんまりしていて少し拍子抜けしてしまう。

しかし、天王山の存在意義は高さではなく、地理的な重要性にある。その点を理解して眺めてみると、見方が変わるのではないだろうか。

69 ほんの一瞬、広島が日本の首都だった時代がある！

日本の首都は、と問われれば、誰もが東京と答える。かつては奈良や京都であったことを思い浮かべる人もいるだろう。しかし、広島が首都だった時代があることはあまり知られていないのではないだろうか。

広島に首都が置かれたのは1894（明治27）年のこと。日清戦争が勃発した年である。このとき陸海軍を率いる天皇直属の最高機関・大本営は当初は東京に置かれたが、9月8日に広島への移転が決まり、15日には**明治天皇が広島城に入った**。

天皇とともに政府高官や議員も広島に移ったため、この年の帝国議会は臨時でつくられた広島の国会議事堂で開かれた。まさに首都そのものである。

その後、日本が日清戦争に勝利すると、1895（明治28）年4月に大本営は京都に移され、広島は首都としての役目を終える。日数にすると225日と1年に満たなかったが、たしかに広島は首都だった。

では、なぜ広島が首都に選ばれたのだろうか。その理由は、大きくふたつあると考えられている。

大阪、名古屋でなく広島の理由

ひとつ目の理由は、明治維新以降、**広島が「軍都」としての性格を強めていたから**だ。明治時代初期に鎮西鎮台《ちんぜいちんだい》第一分営が置かれたのを機に、第五軍管広島鎮台や第五師団司令部が設置され、広島は全国六大軍事拠点のひとつとなっていた。政府高官は、**有事の際は広島へ**と考えていたのだろう。

もうひとつの理由は、宇品《うじな》港があったからだ。宇品港は1889（明治22）年に開港した港で、現在の広島港の前身である。戦時中は大陸への前線基地となり、各師団がここから戦場へと送られた。

こうした機能をもつ都市に首都を置き、そこから明治天皇が戦争を指揮すれば、兵士たちの士気も上がる。そうした思惑もあったようだ。

ほんのわずかな期間であったが、広島が事実上の首都だったことは事実。にわかには信じがたいかもしれないが、そんな時代もあったのだ。

70 「ファン・デル・カペレン海峡」ってオランダ？ いえいえ、日本です！

マルコ・ポーロが日本を「ジパング（黄金の国）」と呼んだように、外国人は日本に独自の地名をつけたがる傾向がある。

江戸時代に長崎を訪れ、日本人に最新の医学を教えた**ドイツ人医師のシーボルト**もそんな外国人の一人で、**関門海峡に訳《わけ》のわからない名前をつけていた**。その名も「ファン・デル・カペレン海峡」。さて、ファン・デル・カペレンとはいったい何を意味し、どんな目的で命名したのだろうか。

そもそも関門海峡とは、本州と九州を隔てる長さ約28キロの海峡で、山口県下関市と福岡県北九州市門司区をつなぐことから関門海峡と名づけられた。海陸交通の要衝だけに、源平による壇ノ浦の戦いや幕末の攘夷《じょうい》戦といった歴史上の重大事件の舞台となっている。

その関門海峡をシーボルトが通ったのは1820年代のこと。長崎から江戸へ向かう際、船上から海峡を見た。そして「すばらしいパノラマだ」といたく感激したと伝わる。

当時、関門海峡はすでに海外から地理的に重要な拠点として認識されており、オランダ人は「日本のダーダネルス海峡（トルコ北西部、黒海と地中海を結ぶ交通の要衝）」と呼んでいた。シーボルトもそれは同じで、実際に目の当たりにしたときの美しさも手伝って、ファン・デル・カペレン海峡という名前をつけたのである。

恩人に敬意を表して名づけた

この「ファン・デル・カペレン」とは何かというと、**当時のオランダ領東インド植民地総督の名前**。シーボルトはインドネシアにいたときに彼と交流があり、日本行きに便宜をはかってもらったり、研究費を援助してもらったりと、いろいろ助けてもらっていた。いわば恩人である。

そうした恩に報いるため、シーボルトは関門海峡にファン・デル・カペレンと名づけ、後世に残そうとしたのである。今では誰もファン・デル・カペレン海峡と呼ばないが、シーボルトが描いた地図には、たしかにその名が刻まれている。

71 東京・世田谷の代田は、妖怪「ダイダラボッチ」が由来!?

「妖怪ウォッチ」シリーズなどにも登場するダイダラボッチ。「近江《おうみ》の土を掘って富士山をつくり、掘った跡が琵琶湖になった」という伝説をもつ巨人の妖怪だ。

そのダイダラボッチに由来するといわれる地名が東京に存在する。それは世田谷区の代田《だいた》である。代田は新宿にほど近い閑静な住宅街。そんな場所と巨人の妖怪のあいだにどのような関係があるというのか。

あまり知られていないが、かつて現在の代田のあたりには窪地があった。それがまるでダイダラボッチの大きな足跡のようであったため、ダイダラボッチという呼び名がつき、やがて代田と略して呼ばれるようになったというのだ。

そもそもダイダラボッチという言葉は、有史以前から日本に伝わっていたツングース系のウィルタ語の可能性があるといわれている。ウィルタ語で「ダイダラ」は巨人を、「ボッチ」は穴小屋を意味する。

『世田谷区史』によると、有史以前に大陸からの渡来人を祖先にもつ集団が代田に移り住み、巨人伝説が生まれた可能性があるという。

まゆつばのように思えるが、**「巨人の足跡」とされるものも残されている。**

京王井の頭線の新代田駅の北側、大原1丁目にある下北沢小学校（旧守山小学校）付近の地形を観察すると、一帯が窪地になっている。この地形がダイダラボッチの足跡とされているのである。

妖怪・ダイダラボッチ。足跡も相当大きい？

72 合格祈願で人気の「学文路駅」は実は遊女と縁がある?

毎年受験シーズンになると、多くの受験生が合格祈願に訪れる場所がある。北野天満宮、太宰府《だざいふ》天満宮、湯島天満宮、勝尾寺《かつおうじ》といった有名スポットに比べると少々知名度は落ちるが、和歌山県の学文路《かむろ》駅も人気の場所だ。

学文路駅は南海電鉄高野線の駅で、1924(大正13)年に開業した。駅名はかつて高野参詣の宿場町として栄えた旧学文路村に由来する。

なぜ、この駅が合格祈願のスポットになっているのかというと、入場券が**「学問(文)の道(路)に通じる切符」**と見なされているからだ。

1975(昭和50)年、学文路駅の隣駅の駅員の発案により、入場券に「入学」という文字を入れて発売したところ、3カ月で1万枚が売れた。そこで1980(昭和55)年からは5枚セットの入場券を発売。「5枚」「入場券」「学文路」の頭文字をとると「ご入学」になることから、合格祈願の縁起物として絶大な人気を集めた。

さらに2006(平成18)年には、急勾配でも列車がすべらないように線路にまく砂をセットにして売り出すと、これまたよく売れた。

学文路駅の近くには、学問の神・菅原道真を祀《まつ》る学文路天満宮があり、たくさんの受験生が訪れる。学文路駅の人気は、この神社との相乗効果もあると考えられている。

遊郭があったから「かむろ」と呼ぶ？

そんな学文路駅であるが、「学文路」という名称は、学問とはまったく関係がないという説がある。なんと、「かむろ」は**高級遊女に仕える少女を意味する「禿《かむろ》」に由来する**というのである。

そもそも禿とは、前髪を眉の上で切り揃えた髪形のこと。その髪形を少女がしていたことから職名となった。旧学文路村は高野山参詣の玄関口で、たくさん集まる旅人をターゲットにした遊郭が軒を連ねていた。

そこから「かむろ」と呼ばれるようになったが、のちに遊郭のイメージを払拭《ふっしょく》しようと、学文路天満宮の「学文路」を当てたと考えられている。

真相は定かでないが、遊女と合格祈願の縁起物というギャップが面白い。

73 大分の別府湾には「日本のアトランティス」と呼ばれる島が沈んでいる!?

アトランティスといえば、超古代に繁栄を極めながら、大地震と洪水のために一日一夜にして海に沈んだという伝説の島。そのアトランティスと同じように海底に沈んだとされる島の伝説が、大分県に残されている。

江戸時代、豊後国《ぶんご》（大分県）では、ポルトガルやスペインとの南蛮《なんばん》貿易が盛んに行なわれており、別府湾に位置する**瓜生島《うりゅうじま》（沖の浜）**がその窓口となっていた。

古地図を見ると、瓜生島は大分川の河口近くの長い砂洲として描かれている。瓜生島は東西約4キロ、南北約2キロの島で、1000軒ほどの家が建っていたという。ポルトガル人宣教師のフランシスコ・ザビエルが訪れたこともあるらしい。

ところが、その瓜生島が**ある日突然、消えてしまった**のだ。

瓜生島で液状化による地盤沈下が起こった？

1596（文禄5）年、豊後地方を大地震（慶長豊後地震）が襲い、瓜生島は海底

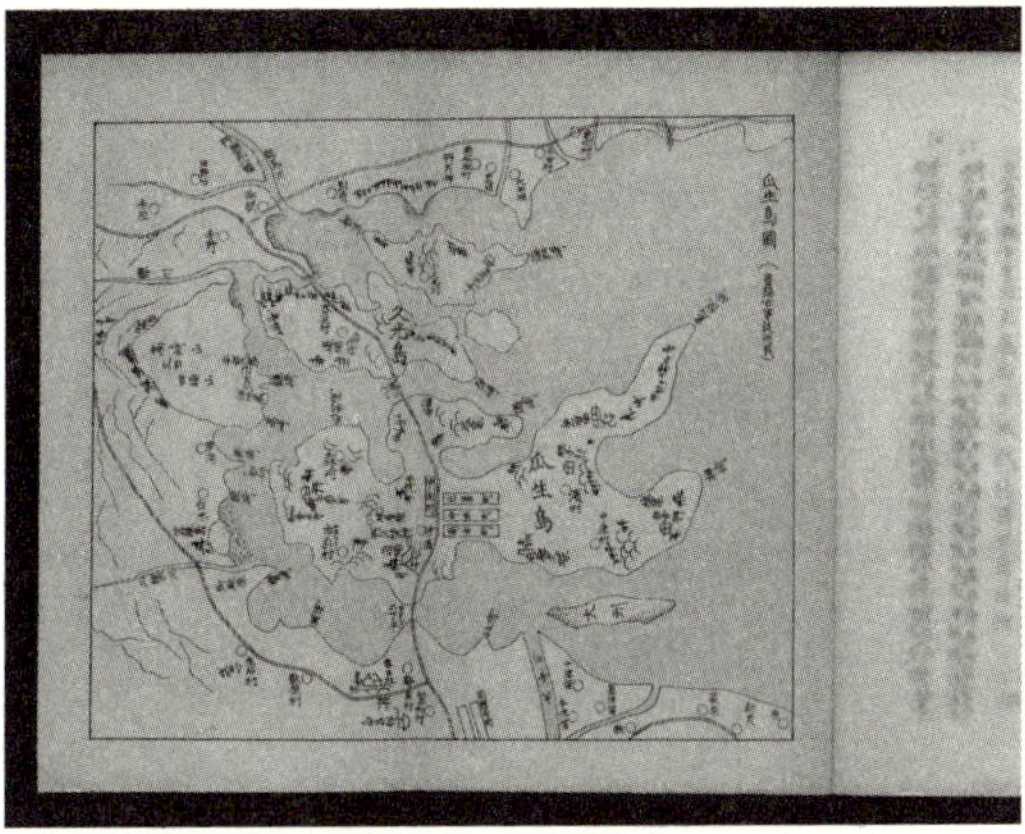

「瓜生島絵図」に描かれた今はなき瓜生島

に沈んだといわれている。

アトランティスが滅んだのは人々の傲慢《ごうまん》さが神の怒りにふれたためとされる。それと同じように、慶長豊後地震も誰かが瓜生島の神にいたずらをして怒りを買ったせいではないかとウワサされたことから、瓜生島の沈没は**「豊後のアトランティス伝説」**ともいわれた。

しかしその一方で、幕末に描かれた「瓜生島絵図」には、瓜生島が別府湾を埋め尽くすほどの大きさで描かれており、これほど大きな島が一瞬にして沈むとは考えにくいため、瓜生島の存在を疑う向きもある。

この意見に対し、地質から反論する声も上がっている。瓜生島が土砂が積もってできた砂洲だったとすれば、地震で島全体が液状化して地盤沈下が起こり、海に沈んだとしても不思議はないというのだ。

この説を裏付けるように、慶長豊後地震の際にできたと考えられる地崩れ跡が沖合で見つかっている。

さまざまな史料を検証すると、瓜生島が存在した可能性は高そうだ。アトランティスを彷彿《ほうふつ》とさせる島が日本にあったとすれば、何ともロマンあふれる話である。

74 区民の4人に1人が沖縄出身という大阪・大正区

比嘉さん、金城さん、大城さん、宮城さん、島袋さん、上原さん、新垣さん……。どれも沖縄県に多い名字だが、そうした名字の人にかなりの高確率で遭遇する本州の町がある。大阪市大正区だ。

大正区は沖縄出身者の人が非常に多い。子や孫を含めると約7万人の区民のうち約4分の1、つまり約2万人にのぼる。商店街には沖縄物産店が並び、琉球舞踊場や琉球空手のけいこ場などもある。あまりに沖縄色が濃いため、**「リトルオキナワ」**と呼ばれるほどだ。

それだけではない。大正区では沖縄の伝統芸能であるエイサー祭が催されたり、沖縄民謡、島唄、沖縄村芝居などのイベントが開かれたりもしている。何も知らずにこの地を訪れると、沖縄に来てしまったのかと勘違いするかもしれない。

なぜ、大正区にはこれほど沖縄出身者が多いのだろうか。それは、豊かさを求めて多くの人が移住してきたからだ。

大正時代から移住が本格化

沖縄では明治時代後半以降、故郷から遠く離れた本州へ出稼ぎに行く人が増え始めた。そして第一次世界大戦後、沖縄が深刻な不況に陥ると、大正区への移住者が本格的に増えた。

当時の大阪は**「東洋のマンチェスター」**といわれるほど工業が盛んな町で、鉄鋼業、造船業、紡績業など、あらゆる産業が人手不足に悩んでいた。大正区には1882(明治15)年に操業を開始した日本最初の大規模紡績会社・大阪紡績会社があり、周囲にたくさんの関連工場が立ち並んでいた。

こうした事情から、豊かさを求める沖縄の人々は、大正区をはじめとした大阪近辺に移住。文化や風習の違いに直面することもあったが、みなで助け合って困難を乗り越えた。当時移住してきた人々の子どもや孫の世代もここに住み続けているため、沖縄にルーツをもつ人が多いというわけである。

75 かつて天武天皇が遷都をしようとした長野県にある「東京」

江戸が東京と改称されたのは、幕末の1868（慶応4）年のことである。京都から見て、「東にある都」という意味で東京と名づけられた。

しかし日本には、首都・東京よりも古くから存在していたもうひとつの東京がある。それは長野県長野市鬼無里《きなさ》地区（旧鬼無里村）にある集落だ。読み方こそ「とうきょう」ではなく「ひがしきょう」だが、首都と同じ地名だ。

鬼無里地区の「東京」の歴史は奈良時代にはじまる。

7世紀末、天武天皇は平城京からの遷都《せんと》を計画し、この地を候補地のひとつとした。実際に遷都されることはなかったが、東の京都の意味で「東京」と名づけられたとされている。

東京だけでなく「西京」や「一条」「四条」など、平城京や平安京にちなんだとおぼしき地名もある。さらに天武天皇の使者がこの地を訪れた際に創建したといわれる春日神社などの神社もあり、**遷都計画が進んでいたら**しいことがわかる。

太平洋戦争末期、軍部は本土決戦の最後の拠点として、空襲で焼け野原になった東京ではなく、海岸から離れ、防衛力の高い長野市松代《まつしろ》（当時は松代町）に大本営や政府各省などを移転する計画を立てていた。そうした意味で、長野の地に首都を移そうとした奈良時代の天皇の意図もわからなくはない。

一方、鬼無里地区の東京はこの地に古くから伝わる**「鬼女紅葉伝説」**に由来するという説もある。

その昔、京都から配流されてきた紅葉《もみじ》という女性がいた。美しく高貴な女性で、村人たちに慕《した》われていた。しかし、紅葉はいつも悲しげだった。聞けば、京都が恋しいらしい。そこで村の長は紅葉をなぐさめようと、「東京」「西京」「二条」「四条」「加茂川」といった平安京由来の地名をつけたというのである。

鬼無里地区の東京は、周囲を山々に囲まれたのどかな集落。東京という名称とのギャップを感じるが、地名の由来を知るとなんだか東の都にふさわしくも思えてくる。

コラム 「日本国」という大それた名前の山

山形県と新潟県の県境に、標高約550メートルの山がある。どこにもあるような山だが、山名を知ると誰もが驚く。

なんと、「日本国《にほんこく》」という名前の山なのだ。

この山名の由来については諸説いわれているが、興味深いのは古代の境界説だ。古代の東北地方には蝦夷《えみし》が住んでおり、阿倍比羅夫《あべのひらふ》率いる大和朝廷軍と勢力争いをしていた。

朝廷側はこの山のあたりまで勢力を伸ばすと、そこが自分たちの領土であることを示すため、「日本国」という名前を山につけた。

これが山名の由来になったという。

真相は不明だが、征服した側からの記念碑的意味合いがあったのかもしれない。

10

一度聞いたら忘れられない地名トリビア
やっぱり名前は大事です！

76 『こち亀』で有名な「亀有」が、かつては「亀なし」だった!?

東京都葛飾区亀有。この地名から人気マンガを連想する人は多いだろう。1976（昭和51）年から『週刊少年ジャンプ』に連載されている秋元治・作『こちら葛飾区亀有公園前派出所』の舞台だ。JR亀有駅には、『こち亀』の主人公・両津勘吉巡査長の銅像が建てられており、熱心なファンが「両津詣《もう》で」に訪れる。

この亀有という地名は意外な歴史を秘めている。かつては**亀有ではなく「亀梨」**だったというのだ。

亀梨の根拠は南北朝時代から室町時代にかけて成立したとされる軍記物『義経記《ぎけいき》』で、源頼朝が隅田川を渡ろうとする場面の中に、「亀なし」という地名が登場する。応永年間の史料や永禄年間の史料にも「亀無」あるいは「亀梨」という記述がある。

「亀なし」では縁起が悪い？

では、亀なしの「亀」は何を意味するのだろうか。文字通り、動物の亀のことだろうか。実は、この亀は動物の亀ではなく地形を意味し、「亀の背中のような島状の小高い土地」のことだといわれている。

次に「なし」については、否定の意味での「無し」ではなく、「為《な》す」を意味するという。接尾語の意味での「なす」は、名詞に続けて使うことで「〜のような」という意味にもなるため、「亀為し」は「亀のような土地」という意味になると考えられる。

さらに「なし」は「成す」をルーツとするという考え方に従うと、「つくり上げる」もしくは「築き上げる」という意味になる。

そもそも、亀有は江戸川や中川などに囲まれた土地である。そこから、川上から運ばれてきた土砂が堆積して亀の甲羅のような土地ができ上がり、「亀成し」と名づけられたと考えることもできる。

このように亀なしの由来にはさまざまな説があるが、亀なしから「亀有」に変化したのはどうしてか。一説によると17世紀頃、江戸幕府が地図をつくる際、担当者が亀なしという言葉は縁起が悪いからという理由で亀有にしたといわれている。こうしたゲンかつぎによる改名の事例はほかにもあり、あながちウソでもないらしい。

77 「福岡」よりも「博多」のほうが有名なのはどうして？

福岡県福岡市は九州一の大都会である。しかし、福岡市には博多区があり、この「博多」の名前のほうが福岡よりも全国的に浸透しているイメージがある。博多駅、博多湾、博多どんたく、博多人形、博多山笠、博多ラーメンといった具合に、博多の地名を冠したものがたくさんある。

では、そもそも福岡と博多の関係はどうなっているのだろうか。

現在の福岡市はもともと**博多と福岡に分かれていた**。博多は室町時代には対明《みん》貿易の拠点となり、大内氏の支配のもと栄えたが、戦乱によって何度も焼失。それを豊臣秀吉が再建し、城下町を発展させた。

関ヶ原の戦い後、転封された黒田長政は、城が手狭だったことから那珂《なか》川をはさんで博多の西に隣接する地に転居、そこで新たに城を築き、以前に黒田氏が根拠としていた備前《びぜん》国（現・岡山県）の福岡村から名をとり福岡城と命名した。ここで初めて「福岡」の名が刻まれたのである。

ガス抜きで駅名を「博多」に？

そして1889（明治22）年の市制施行にあたり、博多と福岡が合併することになる。しかし、このときに問題が発生した。市名をどうするかという問題である。

博多派、福岡派の両者ともに一歩も譲らず、話し合いでは決着がつかない。市議会で投票を行なったところ、得票数もまったく同じ。そこで県令・安場《やすば》保和《やすかず》の裁断により、市名は福岡に決まったのである。

納得できない博多の住民も多かったが、九州鉄道（国鉄、JRの前身）の駅名を博多とすることでガス抜きをはかった。メインステーションの名称は県庁所在地の名をとるケースが多いが、福岡市の場合は博多駅になっているのはそうした事情があったのである。

福岡と博多。地元住民以外はその関係をよく把握していないが、歴史をひもとくと複雑な事情が潜んでいたのである。

78 山だらけなのに「やまなし県」というギャップが生まれたワケとは

山梨県は南方にそびえる富士山をはじめ、北方の八ヶ岳、東方の秩父山地、西方の赤石山脈（南アルプス）といった山々に囲まれ、土地の約8割を山岳地帯に占められている。いわば「山だらけの県」である。

しかし、そうした土地柄にもかかわらず、「やまなし県」という冗談のような県名を名乗っているのだ。いったいなぜ、これほどギャップに満ちた県名をつけたのか。

歴史をさかのぼると、山梨県となったのは1871（明治4）年に行なわれた廃藩置県のときだった。このあたりは古くから「甲斐」と呼ばれており、廃藩置県の2年前には甲府県と名乗っていたが、最終的には山梨県とした。

実は、山梨という名は律令国家時代に存在した4つの郡名のひとつに由来する。奈良時代、正倉院に収められた御物の中から「甲斐国山梨郡可美里日下部《かみのさとくさかべ》」という表記が見つかっており、この頃すでに山梨が地名となっていたとわかる。

梨の木がたくさんあったから?

では、山梨という言葉は何に由来するのか。その語源については、いくつかの説がいわれている。

ひとつは、地方行政を司る国府が平地に建てられたからとする説だ。たしかに甲斐国の国府が置かれていた甲府市近辺には盆地が広がっているため、山梨の名がついたとしても不思議はない。この場合、**山梨ではなく「山無し」**となるだろう。

もうひとつは、**甲斐に梨の木がたくさん存在したから**とする説だ。平安時代に記された『延喜式《えんぎしき》』によると、甲斐国は青梨を朝廷に献上していたという。『甲斐国志』にも「栗原筋《くりばらすじ》が味のよい青梨を多く産す」という記述がある。こうした史料から、甲斐は梨の産地だったことがうかがえ、それが山梨という地名になったと考えられる。

どちらの説が正しいのか決定打はない。しかし、山はたくさんあるので、「山無し」ではなく「山梨」に由来する可能性が高いように思われる。

79 「キラキラネーム」に大ブーイング！愛知県・南セントレア市の末路

世間ではキラキラネームが何かと話題になっているが、自治体の中にもそれまでの市区町村名から逸脱した奇抜な名前をつけて騒動を巻き起こした町がある。愛知県知多郡美浜町と南知多町だ。

美浜町と南知多町は平成の大合併の際、合併に向けて動いていた。その動きの中で両町の合併協議会が発表した市名が「南セントレア市」。カタカナの珍市名として大きな話題になった。

「セントレア」はもともと常滑《とこなめ》市に開港した中部国際空港の愛称だった。「中部」を意味する「セントラル」に、「空港」を意味する「エアポート」の「エア」を合わせた造語である。つまり、**中部国際空港（セントレア）の南にあるから南セントレア市**というわけだ。

しかし、新市名が発表されるやいなや、大きな批判の声が上がった。

住民の反感を買い、合併が白紙に！

そもそも美浜町も南知多町も中部国際空港に直接的な関係があるわけではない。しかも、新市名を一般公募したときには、南知多市や美南市、南浜市などが上位に入り、南セントレア市はなかった。それでは何のために公募したのかわからないし、住民を完全に無視している。こうしたことから、合併協議会に対して大ブーイングがなされたのである。

その後、合併の賛否を問う住民投票が行なわれると、美浜町でも南知多町でも**反対が多数を占めた**。これを受けた合併協議会は、記者会見の場で事実上の合併白紙撤回宣言をしたのである。

結局、日の目を見ずに終わった南セントレア市。現在、セントレアの地名は中部国際空港の地名（常滑市セントレア1丁目1番地）として残っているが、美浜町と南知多町の住民にとっては悪しき思い出でしかないようだ。

80 京都の難読花街・先斗町の名づけ親はポルトガル人

いかにも京都らしい独特の雰囲気があふれる先斗町《ぽんとちょう》。

鴨川と木屋町通《きやまちどおり》のあいだに細長く続く石畳の通りで、祇園甲部《ぎおんこうぶ》、宮川町、上七軒《かみひちけん》、祇園東と並ぶ京都五花街のひとつだ。

毎年夏になると、通りの東側の店で、鴨川の川べりに床を張り出して酒や食事を楽しむ「納涼床《のうりょうどこ》」が行なわれることでも知られる。

それにしても、先斗町は読み方が難しい。何も知らなければ、先斗町を「ぽんと」とは読めないだろう。どのような経緯で、先斗と書いてなぜ「ぽんと」と読むようになったのか。

一説によると、**ポルトガル人が名づけ親**だといわれている。

織田信長の時代、南蛮寺を建てて住んでいたポルトガル人が、この地を「ポント」と呼んでいた。

ポルトガル語で「PONT（ポント）」は「先」を意味する。

いかにも京都らしい先斗町の町並み

先はもともと鴨川の中洲で、そこに堤防を築くために埋め立てた場所だった。やがて家が建ちはじめたが、すべて河原に面した片側のみの先端に建ったことから、ポルトガル語で先にある町という意味で、「ポント」と呼んだとされている。

別の説もある。

この一帯は鴨川と高瀬川にはさまれた堤のようなので「堤」から「鼓《つづみ》」を連想し、鼓は「ポン」と鳴ることから「ぽんと」になったという。

どちらが正しいのか不明だが、ポルトガル人が名づけていたとしたら面白い。

81 アメリカ人の誤訳でつけられてしまった市名

翻訳は難しい。英語を日本語にするのも、日本語を英語にするのも簡単にはいかない。誤訳はつきものである。

誤訳が「市の名前」になってしまうという信じがたいこともある。ときは太平洋戦争後にさかのぼる。

沖縄県には1974（昭和49）年まで「コザ市」という市があった。同年、美里村《みさとそん》と合併して沖縄市となり、コザ市は消滅してしまったが、学校や公的機関の名称などには現在も残されている。

この**「コザ」が誤訳でつけられた市名**だ。

もともとこのあたりは、「コザ」ではなく「胡屋《ごや》」と呼ばれていた。それが戦後、沖縄を占領したアメリカ軍が地図をつくるとき、胡屋を「GOYA」と書かず、「KOZA」と記してしまう。

そこから、「コザ」と読まれるようになり、「コザ」という地名として定着したといわれている。

別の説もある。

沖縄戦のとき、美里村古謝《こじゃ》に進駐したアメリカ軍が古謝を「スモールコザ」、胡屋を「ビッグコザ」と呼んでいた。古謝は地元の方言では「クジャー」と発音するが、アメリカ人には「コザー」と聞こえた。それが転じて胡屋を「コザ」と呼ぶようになったという。

どちらが正しいかは、今となってはわからない。しかし、いずれにしろ、**アメリカ軍のカン違い**からついた市名ということはたしかなようだ。

82 なぜ北海道だけ「県」ではなく「道」なのか

47都道府県のうち、北海道にだけ「道」がついている。都や府がつくのも東京、大阪、京都だけだが、東京は現在の日本の首都、大阪と京都はその歴史から、別格のように扱われることにさほど違和感を覚えない。

また、北海道は他の都府県のように略すことがない。東京都は東京、大阪府は大阪、京都府は京都、愛知県は愛知、福岡県は福岡と略されるのに対し、北海道を「北海」と略す人はあまりいないのではないだろうか。

なぜ、北海道はこのように扱いが異なるのだろうか。それは、**「道」でひとつの行政単位になっているから**である。

そもそも北海道の「道」は、古代の律令国家における行政の区分に基づいている。いわゆる五畿七道だ。

「五畿」とは都に近い山城、大和、河内、和泉、摂津の5カ国、「七道」とは西海道、山陰道、山陽道、東海道、東山道、北陸道、南海道の7つの道を意味する。各道には武蔵国、信濃国、加賀国、筑前国などの「国」が置かれていた。

そして明治時代に入ると、廃藩置県が行なわれる。このとき七道の名にあやかって「北海道」と名づけられた。

やがて全道を管轄する北海道庁が設置され、太平洋戦争後の１９４７（昭和22）年に地方自治法が施行されたことにより、北海道は他の都府県と同等の権限をもつ地方自治体になったのである。

つまり、北海道は地名であると同時に行政区分の名称でもある。そのため、「北海」「北海道」といったような使い分けをしないのだ。

83 「埼玉市」にすればいいのに「さいたま市」にせざるを得なかった事情

むつ市（青森県）、いわき市（福島県）、つくば市（茨城県）、あきる野市（東京都）、あわら市（福井県）、いなべ市（三重県）、さぬき市（香川県）、えびの市（宮崎県）、うるま市（沖縄県）……。日本にはひらがな表記の市が30以上あるが、県庁所在地でひらがな表記にしているのはたったひとつしかない。埼玉県のさいたま市だ。

さいたま市は2001（平成13）年に浦和市（当時の県庁所在地）と大宮市、与野市、4年後に岩槻市が合併して誕生した。それからすでに20年近く経ったが、県名は漢字なのに、市名はひらがなということで、違和感を抱いている人もいるだろう。

公募によるダントツ1位は「埼玉市」だったが……

実は、市民の多くは埼玉市を望んでいた。さいたま市を希望した市民もいたが、埼玉市より少なかった。にもかかわらず、なぜさいたま市になってしまったのか。その理由は、**県内の別の市から抗議を受けた**からだ。

そもそも埼玉とは、武蔵国の郡名である埼玉郡に由来する。埼玉郡は現在の行田市《ぎょうだ》を中心とした県東部にあり、奈良時代には「前玉」や「佐吉多万」と書かれ、「さきたま」と呼ばれていた。その後、平安時代になると「佐伊太末」や「佐以多万」と書かれ、「さいたま」とも呼ばれるようになった。

現在も埼玉という地名が行田市に残っており、そこが県名の発祥地とされている。そのため行田市の商工会議所は、２００１（平成13）年に公募によって新市名を選ぶ際、ダントツの1位だった「埼玉市」に対して抗議を行なった。「埼玉、さきたま、さいたまの名称を使わないでほしい」というのである。

これに大宮市は納得し、代わりに「大宮市」を推してきた。一方、浦和市と与野市は「埼玉の由来については別説もあり、行田市だけのものではない」と反論。その後、行田市の商工会議所を交えて会議を行ない、最終的には「さいたま市」とひらがな表記にすることで決着した。

つまり、さいたま市というひらがな市名は**行田市のメンツを立てるため**につけられたものだったのである。

【主な参考文献】

『住所と地名の大研究』今尾恵介、『札幌学』岩中祥史（新潮社）／『福岡県の歴史』川添昭二ほか、『青森県の歴史散歩』青森県高等学校地方史研究会編、『大阪府の歴史散歩』大阪府の歴史散歩編集委員会編、『熊本県の歴史』松本寿三郎ほか、『熊本県の百年』森田誠一ほか、『広島県の百年』有元正雄ほか、『三重県の歴史』稲本紀昭ほか、『神奈川県の歴史散歩　上・下』神奈川県高等学校教科研究会社会科部会歴史分科会（山川出版社）／『図説駅の歴史 東京のターミナル』交通博物館編、『図説熊本県の歴史』平野敏也、工藤敬一（河出書房新社）／『角川日本地名大辞典』（角川書店）／『江戸を歩く』田中優子（集英社）／『鉄道地図　残念な歴史』所澤秀樹（筑摩書房）／『47都道府県地名うんちく大全』八幡和郎、『地名に刻まれた歴史』平凡社地方資料センター編、『保存版　地図で知る平成大合併』平凡社編（平凡社）／『地名の魅力』谷川彰英（白水社）／『霊山と日本人』宮家準（NHK出版）／『あなたの知らない和歌山県の歴史』山本博文（洋泉社）／『さっぽろ雑学ノート』武井時紀（みやま書房）／『お江戸の地名の意外な由来』中江克己（PHP研究所）／『地下鉄の謎と不思議』谷川一巳、『鉄道　駅と路線の謎と不思議』『新幹線の謎と不思議』梅原淳、『JR・第三セクター全駅名ルーツ事典』村石利夫、『地図から消えた地名』今尾恵介（東京堂出版）／『海にしずんだ島幻の瓜生島伝説』加藤知弘、関口シュン（福音館書店）／『日本の地名がわかる事典』浅井建爾、『もっと知りたい 日本の山』石井光造、『おもしろくてためになる日本の鉄道雑学事典』南正時（日本実業出版社）／『日本列島飛び地の謎』浅井建爾（廣済堂出版）／『駅名の「謎」』所澤秀樹（山海堂）／『ちばの魅力、再発見ちば観光文化検定公式テキスト』千葉商工会議所、社団法人千葉県商工会議所連合会編（ダイヤモンド社）／『図解島国ニッポンの領土問題』中澤孝之ほか、『高速道路　なぜ料金を払うのか』宮川公男（東洋経済新報社）／『酷道をゆく』松波成行（イカロス出版）／『大阪「駅名」の謎』『東京「駅名」の謎』谷川彰英（祥伝社）／『熊本・観光文化検定公式テキストブック』（熊本商工会議所）／『知らなかった！「県境」「境界線」92の不思議』浅井建爾、『京都なるほど事典』清水さとし（実業之日本社）／『日本列島なぞふしぎ旅北海道・東北編』『日本列島なぞふしぎ旅関東編』『日本列島なぞふしぎ旅関西編』山本鉱太郎、『愛知県の不思議事典』池田芳雄編（新人物往来社）／『さいたまの地名』埼玉県県民部自治文化課編（埼玉県県政情報資料室）／『埼玉平野の成立ち・風土』松浦茂樹（埼玉新聞社）／『香川の地理ものがたり』高桑糺監修（日本標準）／『本場さぬきうどんの作り方』香川県生麺事業協同組合監修（旭屋出版）／『まるかじり香川』土井中照（アトラス出版）／『大阪学』大谷晃一（経営書院）／『三重県地学のガイド』磯部克編（コロナ社）／『なごや四百年時代検定公式テキスト』なごや四百年時代検定実行委員会編（名古屋商工会議所）／『酷道を走る』鹿取茂雄（彩図社）／『千葉県の歴史』財団法人千葉県史料研究財団（千葉県）／『博学紀行　宮城県』市川正巳監修（福武書店）／『東京港史』（東京都港湾局）／『千葉の歴史夜話』畑中雅子、『千葉県の歴史一〇〇話』川名登（国書刊行会）／『松島町誌』（松島町）／『名古屋市史』（中部経済新聞社）／『ぼくらの愛知県』松井貞雄（ポプラ社）、／『富士山のふしぎ100』富士学会監修（偕成社）／『四国まるごと自慢』（愛媛新聞社）／『宇都宮を10倍楽しむ本』宮のもの知り達人検定実行委員会編、塙静夫監修（下野新聞社）／『甲斐地名考』佐藤八郎（山梨郷土研究会）／『山梨の地名』NHK甲府放送局編、『やまなし史跡めぐり』山梨日日新聞社、『信玄堤』和田一範（山梨日日新聞社）／その他、各自治体ホームページなど

本書は、本文庫のために書き下ろされたものです。

時間《じかん》を忘《わす》れるほど面白《おもしろ》い
「日本地理《にほんちり》」の謎《なぞ》

著者　博学面白倶楽部（はくがくおもしろくらぶ）

発行者　押鐘太陽

発行所　株式会社三笠書房

〒102-0072 東京都千代田区飯田橋3-3-1
電話　03-5226-5734（営業部）03-5226-5731（編集部）
http://www.mikasashobo.co.jp

印刷　誠宏印刷

製本　ナショナル製本

 ISBN978-4-8379-6895-5 C0130

王様文庫

疑惑の日本史

博学面白倶楽部

金、プライド、人間関係、裏工作――その史実にも、「裏」があるから面白い！　◎関ヶ原の戦いは、あっさり終わっていた　◎参勤交代の大名行列の三分の一は、日雇いアルバイト！　◎薩長同盟は、倒幕のための軍事同盟ではない？……〝リアルな現場〟は、こうだった！

いちいち気にしない心が手に入る本

内藤誼人

対人心理学のスペシャリストが教える「何があっても受け流せる」心理学。◎「マイナスの感情」をはびこらせない　◎〝胸を張る〟だけで、こんなに変わる　◎「自分だって捨てたもんじゃない」と思うコツ……etc.「心を変える」方法をマスターできる本！

時間を忘れるほど面白い 人間心理のふしぎがわかる本

清田予紀

なぜ私たちは「隅の席」に座りたがるのか――あの顔、その行動、この言葉に〝ホンネ〟があらわれる！　◎「握手」をするだけで、相手がここまでわかる◎よく人に道を尋ねられる人の特徴◎いわゆる「ツンデレ」がモテる理由……「深層心理」が見えてくる本！

K30483